Georg Wögerbauer/Hans Wögerbauer Momente der Heilung

Georg Wögerbauer
Hans Wögerbauer

Momente der Heilung

Vom Überleben zum Leben

Orac

Für Rudi, Mario, Annabelle, Barbara, die logopädagogische Lehrerin und ihren Schüler Fabian, Fredy, Jael, Herrn K., Manuela, Frau F. und ihre Karoline, die unbekannte Frau im Café Skala, Nikos, Jackson und Bruder Samuel, die zehn Freunde am Comos Beach, die alte Frau im Hospiz ...

Wo Heilung beginnt

Unsere Küche 15
Annabelle beginnt zu leben 22
Nimm deine Oma auf die Schultern 29
Frau F. und ihre Karoline 39
Mein Hühnerstall 49
Ein Sonntagmorgen in Paleohora 51
Georg, der Meister kämpft nicht! 58
Mario hat seine Fährte gelegt 64
Der steinerne Engel vom Kloster Pernegg 75
Wenn wir furchtbar reagieren,
   ist etwas Furchtbares passiert 80
Wie aus Herrn B. Rudi wurde 85
Schatz, ist was passiert? 94
Ein Vortrag über Krisen 102
Die Atmosphäre von Kreta 107
Die Birke auf der Mauer 114
Ein Abend mit Anna Netrebko 117
Eine Reise nach Assisi 127
Vom Burnout zum Reborn 132
Zittrige Hände hat Nikos nicht 149
Der kleine Vogel 153
Zehn Freunde am Comos Beach 155
Dialog mit Itete 158
Niemand singt so schön wie Fredy 166
Willkommen, Jael! 169
Heilung trotz Krankheit 177

Vom Überleben zum Leben

Fünf Szenen aus der Praxis 181
Lösungsmöglichkeiten 197

Von der Überlebensmedizin zur Lebensmedizin

Die Beschreibung eines Paradigmenwechsels. 207

Vorwort 9
Danke 13
Die Autoren 218
Impressum 223

Vorwort

In diesem Buch erzählen wir von Begegnungen und Momenten der Heilung. Bewusst trauen wir uns, diesem oft missbräuchlich verwendeten Wort wieder jene Bedeutung zu geben, die ihm tatsächlich zusteht. Wir alle tragen Sehnsucht nach Heilung – im Sinne von »wieder ganz werden« – in uns, und wir alle haben Behandlungs- und Heilungskompetenz, für uns selbst, aber auch für jene Menschen, mit denen wir in Beziehung stehen.

Denn Heilung gelingt in Beziehungen!

Es sind oft kleine, unscheinbare, aber immer authentische Momente offener Begegnung, in denen Impulse für Heilung gesetzt werden können und die Ausgangspunkte für Heilungsprozesse sind, die Zeit, Kontinuität und Zuwendung erfordern.

Wenn Sie beim Lesen unserer Geschichten berührt werden und diese von uns beschriebenen Momente der Heilung an sich selbst spüren können, dann hat dieses Buch seine Aufgabe erfüllt. Sie werden deshalb auch verstehen, warum wir den Menschen, denen wir begegnen, so dankbar sind. Denn wo Heilung beginnt, wird sie auch weitergetragen und somit können Heilungsräume geöffnet werden.

Heilung hat primär nichts damit zu tun, dass wir zuerst krank sein müssen, um unseren Weg zu finden. Es kann aber sein und ist sogar oft der Fall, dass Schicksalsschläge, Krankheiten, besondere Lebensherausforderungen den Anstoß geben, unser Lebenskonzept zu hinterfragen und damit unser Leben in eine stimmigere und sinnvollere Richtung lenken. Es sind manchmal laute, einschneidende Momente, manchmal ganz leise, fast zu überhörende Momente, die uns betroffen, nachdenklich werden lassen und Anstoß für einen Entwicklungsweg geben, der typisch, stimmig und einzigartig zu uns passt. Die Achtsamkeit auf diese Momente zu legen, ist Ziel dieses Buches. So individuell und einzigartig wir auch sind, so einzigartig sind auch die Wendepunkte im Leben jedes Menschen. Schade, wenn wir solche Momente der Heilung überhören oder übersehen. Aber keine Sorge! Das Leben bietet uns immer wieder solche Gelegenheiten! Solange wir leben, und zum Leben gehört auch das Sterben, haben wir die Möglichkeit, solche Momente wahrzunehmen und unser Leben danach auszurichten.

Im zweiten Teil des Buches beschreiben wir modellhaft Charaktertypen und skizzieren Wege, wie wir Menschen aus unseren Überlebensmodellen zu unserer so einzigartigen Lebendigkeit gelangen können. An dieser Stelle ist uns besonders wichtig, uns bei den vielen Menschen zu bedanken, die sich uns anvertrauen. Sämtliche Geschichten haben wir zum Schutz unserer PatientInnen so verändert, dass die Verschwiegenheit und der PatientInnenschutz gewahrt bleiben. Zwei Geschichten sind mit ausdrücklicher Genehmigung so, wie sie sich zugetragen haben, wiedergegeben.

Im dritten Teil skizzieren wir jenen Paradigmenwechsel, den wir im Gesundheitssystem so dringend benötigen, und sprechen all jene Menschen an, die in hoher Verantwortung Menschen auf dem Weg ihrer Gesundung begleiten. Bei allem Respekt vor dem, was die moderne Medizin leistet, sind wir nun gefordert, aus dieser Medizin wieder eine Menschen-Medizin zu machen, die wertschätzend und staunend Zugang zum Wunder Mensch findet.

Wir wünschen Ihnen, dass Sie beim Lesen dieses Buches an sich selbst und in vielen lebendigen Begegnungen dieses Wunder entdecken und erleben können.

Pernegg und Perchtoldsdorf, im Dezember 2009

Georg und Hans Wögerbauer

Danke

- unseren Frauen Leni und Sigrid für die inhaltliche Unterstützung und die Geduld im Entstehungsprozess dieses Buches.
- an unsere kritischen LektorInnen, insbesondere MMag. Susa Schintler-Zürner, und die KollegInnen aus Medizin und Psychotherapie, wie Dr. Carola Kaltenbach, Dr. Ulrike Pschill und Dipl.-Sozialarb. Joachim Nagele.
- an Andreas Ortag und Walpurga Ortag-Glanzer für die gelungene und einfühlsame künstlerische und grafische Gestaltung dieses Buches.
- dem Verlag und allen MitarbeiterInnen, insbesondere Frau Barbara Köszegi, für die kreative Zusammenarbeit.
- Irmgard Eschbacher und Bernadette Theisl für Feedback und Sekretariat.
- im Besonderen aber an alle unsere PatientInnen!

Wo Heilung beginnt

Unsere Küche

Georg Wögerbauer

Wir haben seit 25 Jahren auf unserem kleinen Bauernhof im Waldviertel ein und dieselbe Küche. Diese Küche ist gleichzeitig der Raum, in dem wir essen und viele Gespräche führen. Auch jener Raum, in dem wir unsere Gäste bewirten. Sie ist der Raum, in dem wir uns gemeinsam am meisten aufhalten.

Rund um unseren Esstisch haben wir schon viel gefeiert, gelacht, aber auch getrauert und heftig gestritten, stundenlange Gespräche geführt und vor allem viele Köstlichkeiten gegessen. Unsere Küche ist ein ganz besonderer Ort – hier werden wichtige Informationen ausgetauscht, hier ist der Ort, von Ängsten und Erschöpfung zu reden, sich müde hinzulegen und Pause zu machen, der Ort, um Störungen anzusprechen und sich auch gegenseitig zu sagen, wie es gerade so läuft, ob Hilfe gebraucht wird oder ganz einfach auch zu sagen: »Gut, dass du da bist!«

Gespräche in unserer Küche haben uns schon viele Stunden Psychotherapie erspart. Ich liebe diesen Raum. Da fühle ich mich geschützt, und gegen den Widerstand unseres 18-jährigen Sohnes haben wir die Küche zur handyfreien Zone erklärt.

Unsere Küche ist für uns alle ein besonderer Ort, den wir auch nur mit für uns besonderen Menschen teilen wollen. Umso heikler reagieren alle in der Familie, wenn in diesem so vertrauten Raum eine Veränderung passiert, die nicht mit allen abgesprochen ist.

Seit Jahren beobachte ich an mir folgendes »Küchenphänomen«: Wenn es mir gut geht, wenn ich zufrieden und ausgeglichen bin, wenn es – wie man so sagt – läuft, dann kann ich in meiner Küche sitzen und sagen: »Das ist die schönste Küche der Welt, ein wunderbarer Raum.« Da werden die alten, aber bequemen, schon zerschlissenen Stühle zu Designermöbeln, da wird der 25 Jahre alte Bretterboden (von mir selbst verlegt!) zum Edelparkett, und unseren gemauerten Küchenherd, an dem es keine Kachel gibt, die nicht ausgeschlagen ist, bezeichne ich in solchen Momenten, vor allem wenn er melodisch knistert, ganz berührt als »unser Hausherz«.

Die eigenhändig mit der Stichsäge ausgeschnittene Anrichteplatte und der brummende Kühlschrank sind dann innenarchitektonische Juwele und ich bin der glücklichste Mensch. Dieses Glück kann dann nur noch gesteigert werden, wenn die Küche voll ist mit Menschen, die mir lieb und wichtig sind. In unserer Küche gibt es keine Vorhänge, was bedeutet, dass man ohne Weiteres von draußen reinschauen kann, was allerdings nicht so oft vorkommt in unserem 30-Seelen-Dorf, und außerdem bekommen wir – dank fehlender Vorhänge – viel mehr mit, was sich so alles tut im Dorf.

Ich erinnere mich: Als wir die Küche verputzen ließen, hatte ich einen Konflikt mit dem Maurer. Voller Stolz zeigte er mir das erste verputzte Fenster, ganz eckig mit einer messerscharfen Kante war es verputzt. Er war bitter enttäuscht und hat dann nur mehr verzweifelt den Kopf geschüttelt, als ich mit meinen Händen (der Putz war noch weich) eine runde Fensternische und Wölbung formte. Heute noch denke ich oft an diese Szene, wenn ich meinen Kopf zurücklehne an unsere rund verputzten Fensternischen. Das Leben da draußen hat doch genug Ecken und Kanten, da brauch ich nicht noch zusätzlich welche in meinem Lebensraum.

Es gibt aber auch Tage und Zeiten, da sitze ich in derselben Küche, die ich soeben beschrieben habe, und alles ist elend. Ich sehe die zerschlissenen Stühle, finde sie überhaupt nicht bequem, ich beschließe auf der Stelle, den scheppernden Kühlschrank zu entfernen, und sehe mit unruhig suchenden Augen jede Stelle in diesem Raum, die mir absolut nicht passt, und ich finde sie auch! In solchen Momenten kann ich dann fürchterlich jammern, wie elend unsere Küche ist und dass man sich genieren müsste für so eine zusammengebastelte Küche, wo doch überhaupt nichts passt.

Die liebevoll verspielten Details, von meiner Frau gestaltet, werden dann von mir zumindest rhetorisch vernichtet. In solchen Momenten wünsche ich mir eine aalglatte, wie in der Werbung glänzende Designerküche, chromblitzend mit Flüstergeschirrspüler, indirekter Beleuchtung und vielleicht noch elektrischen Rollos zum Herunterlassen, damit mich ja kein Mensch sieht. Am liebsten hätte ich die Küche dann keimfrei. Fliegen wären dann in unserer Küche eine wahre Katastrophe.

»Ja, Schatzi« (sagt sie sonst nie!), pflegt dann meine Frau zu sagen und lacht mich dabei an. Sie kennt mich gut, und immer öfter kommt uns in solchen Momenten meiner größten Küchenverzweiflung gleichzeitig ein Schmunzeln aus.

Lassen Sie mich fantasieren, wie es aufgrund vieler Erfahrungen aus PatientInnengeschichten weitergehen könnte: Wenn ein solcherart »Küchenverzweifelter« (Auto-, Haus-, Urlaubs-, Partner-, Figur-, Frisur- oder Berufsverzweifelter …) in seiner Verführbarkeit und Schwäche »hängenbleiben würde«, dann könnte folgendes Szenario passieren: Er würde eine tolle Designerküche kaufen – in seiner Schwäche vielleicht sogar rücksichtslos auch gegen den Widerstand seiner Frau. Das Ganze würde eine Menge Geld kosten. Dafür müsste er noch mehr arbeiten und würde die nach allen Richtlinien der Innenarchitektur entwickelte Küche erst gar nicht genießen können. Er hätte viel mehr mit dem Widerstand seiner Frau und der Kinder zu tun und noch mehr mit seiner Müdigkeit und Erschöpfung aufgrund von Mehrarbeit. Übrig bleiben würde er selbst in einer hochfunktionalen, designten und perfekten Küche (oder Wintergarten, neuem Auto …), über die er sich nicht freuen könnte und die höchstwahrscheinlich wieder neue Bedürfnisse in ihm wecken würde. Das Hamsterrad beginnt sich zu drehen. Er sucht Geborgenheit und wird sie so nicht finden. – *Too many people spend money they haven't earned, to buy things they don't want, to impress people they don't like. (Will Smith)*

Natürlich hat die Küchenverzweiflung nichts mit unserer Küche zu tun, sondern vor allem mit mir und damit, dass ich in solchen Momenten den Kontakt, die Beziehung zu mir selbst verloren habe.

In Beziehungslosigkeit sind wir leicht verführbar!

Ohne Beziehungen gibt es keine Heilung. Wenn ich jedoch die Beziehung zu mir selbst verliere, wenn ich nicht achtsam mit mir selbst umgehe, vor lauter Arbeit den Kontakt zu mir abbreche, dann entstehen so trostlose Zeiten, in denen nichts mehr passt. In dieser Leere und in dieser persönlichen Unerfülltheit werden wir Menschen leicht verführbar, weil wir auf der Suche nach Geborgenheit und Zufriedenheit sind. Davon profitiert die

Medienindustrie, die Gesundheitsindustrie, sämtliche Shoppingcenters! Und dennoch ist der Konsum nur Ersatz und kann uns nur kurz befriedigen. Zurück bleiben wir dann in der Designerküche, im Nobelschlitten, vor dem neuesten Flatscreen, im edelsten Wellnesshotel und sind trotzdem oft nicht erfüllt (sondern höchstens angefüllt).

»Ja, Schatzi« (das macht mich wahnsinnig!), sagt meine Frau und signalisiert damit, dass sie sich durch meine Küchenkritik weder betroffen noch angegriffen fühlt, sondern sie gibt mir damit auf ihre Weise zu verstehen, dass es wohl notwendig ist, wieder einmal Ruhe zu geben.

In solchen Momenten hilft mir aber nicht so sehr ihre Provokation. Das Beste, was sie tun kann, und sie tut es, ist eine Berührung, die liebevoll sagt: »Du bist o. k. so und ich mag dich auch in deiner Küchenverzweiflung.«

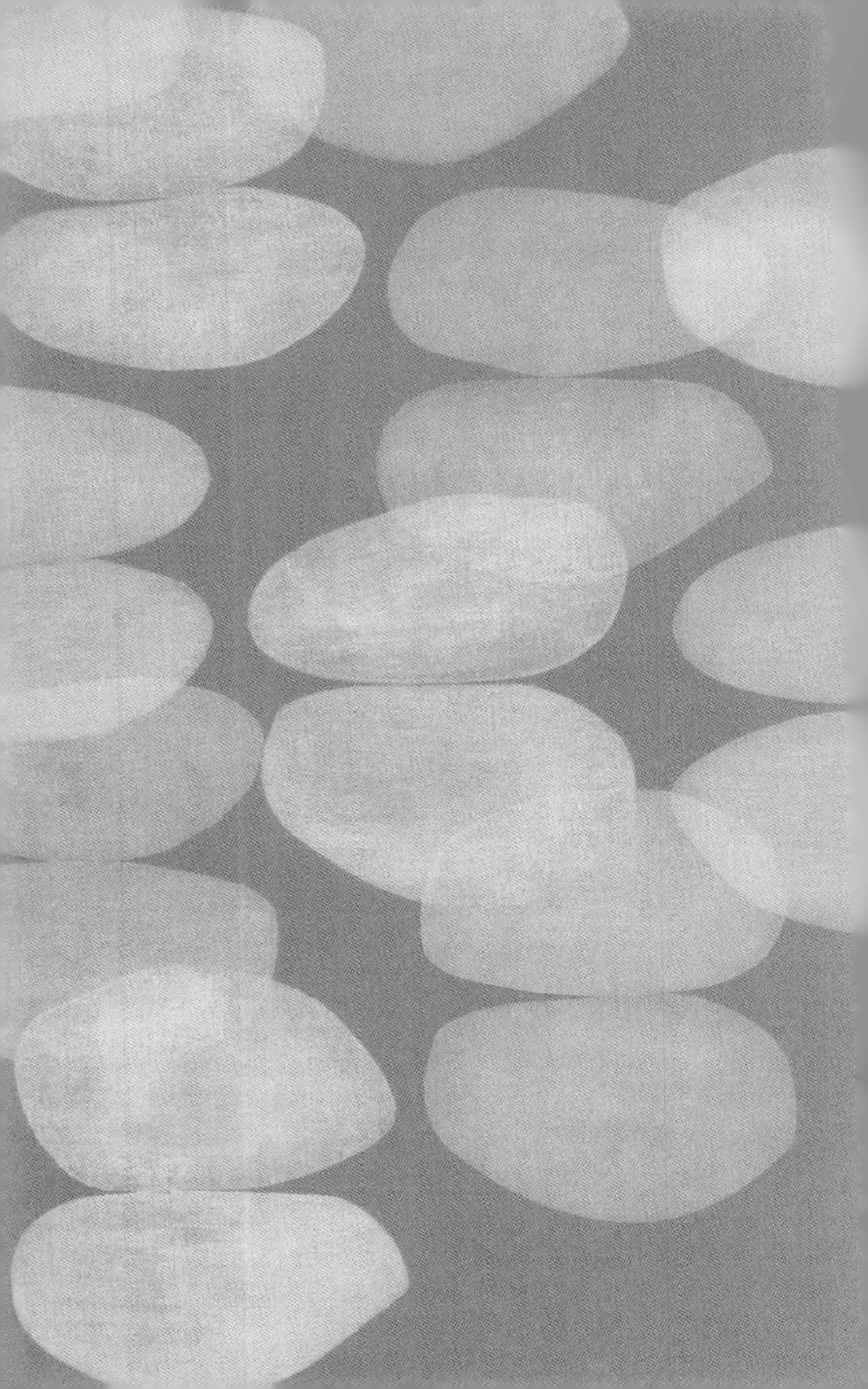

Bescheiden

mit dem Anspruch
die Gier endgültig
zu besiegen

Bescheiden

mit dem Ziel
Angst, Gier und Neid
endlich loszuwerden

Bescheiden

mit mir
und dem Anspruch
mich ständig »verbessern« zu müssen

Bescheiden

heißt verabschieden
vom Haben wollen
vom Sein müssen
von der Angst
zu kurz zu kommen

Bescheidenheit

kann wohltuend entlasten
und erlaubt mir
wesentlich zu sein

G.W.

Annabelle beginnt zu leben

*Nichts vertragen und niemanden ertragen
liegen nahe beieinander*

Hans Wögerbauer

Vor zwei Jahren kam Annabelle, eine 32-jährige Frau, erstmals zur Behandlung. Eine große, schlanke, fast zu dünn wirkende Frau. Kurze, brünette Haare, die Wangen eingefallen, scharfe, enge Lippen, die Augen tiefliegend, stechend, rasch umherschauend. Annabelle trug einfache, fast ärmlich wirkende Kleidung, ein ausgewaschenes T-Shirt und eine weite, ausgebeulte Hose. Ihre schlaffe, müde Haltung verstärkte den Rundrücken, ihr Händedruck war kraftlos.

Bevor sie im Behandlungsraum Platz nahm, begann sie auch schon zu erzählen: Ihre Nahrungsmittelunverträglichkeiten würden immer schlimmer. Sie vertrage bald gar nichts mehr. Traurig zeigte sie mir ihre Befunde. Sie hielt sich seit Jahren an strenge Diäten und ernährte sich nach Hildegard von Bingen. Sie aß nur Breikost, Reiswaffeln und bestimmte, nach genauen Rezepten zubereitete Gemüsesuppen, zwei verschiedene Gemüsegerichte, trank nur ganz bestimmte Kräutertees, sonst aber vertrug sie nichts.

Als ich nachfragte, ob sie sonst noch etwas anderes zu sich nehme, verneinte sie. Auf die Frage, was denn passieren würde, wenn sie den Speiseplan erweitern würde, sagte sie in einem Tempo, als wenn sie es auswendig gelernt und oft aufgezählt hätte: »Ich bekomme Blähungen, mein Bauch wird riesengroß, ich werde kraftlos, kann kaum noch gehen, mein Schweiß beginnt zu riechen, ich sehe verschwommen und auf der Haut bekomme ich überall rote Punkte.«

Jeder Therapeut, den sie aufgesucht hatte, und das waren schon viele, erklärte ihr, was denn schuld sei an ihrem Dilemma. Relativ früh war es das Quecksilber. Die Zähne wurden saniert, das Quecksilber ausgeleitet. Zinkmangel sagte der zweite. Candida-Pilze seien schuld an allem, sagte ein Kinesiologe. Unverträglichkeit auf ganz bestimmte Nahrungsmittel, sagte ein Bioresonanz-Austester. Danach dürfe sie keinen Zucker essen, müsse den Weizen weglassen und Schweine- und Rindfleisch meiden. Schließlich wurde auch noch die Unverträglichkeit von Milchprodukten und Fruchtzucker diagnostiziert. So wurde im Laufe der Zeit ihr Speiseplan immer kleiner.

Mit jeder neuen Diät besserten sich anfangs die Beschwerden. Annabelle war daraufhin meist kurzfristig zufrieden, nahm die verordneten Medikamente und lobte den jeweils neuesten Therapeuten. Aber nach wenigen Monaten stellten sich all die alten Beschwerden wieder ein. Annabelle wurde immer menschenscheuer. Ihre Beziehung ging in die Brüche, sie lebte alleine und hatte nur mehr einen ganz kleinen Bekanntenkreis, im Endeffekt nur eine Freundin, die ihr immer neue, noch bessere Therapeuten vermittelte. Bei persönlicher Verunsicherung und mangelndem Selbstvertrauen sind wir alle »leichte Beute« für Gesundheitsindustrie und -konsum. Ihre beiden Geschwister lehnte sie ab, weil sie alles aßen und tranken, das »ganze vergiftete, genmanipulierte Zeug«, wie sie es nannte.

Annabelle ist eine gebildete Frau, hat eine abgeschlossene pädagogische Ausbildung, verdiente aber ihr Geld als Verkäuferin in einem Bio-Geschäft, weil sie in einem so schlechten Schulsystem nicht mehr unterrichten wollte. In der Freizeit besuchte sie mit ihrer Freundin gerne Vorträge, vor allem über Gentechnik, Strahlenbelastung, Ernährung, Quecksilberbelastung, Handymasten, die Verschlechterung der Wasserqualität und ähnliche Themen.

»Sie machen sich große Sorgen um unseren schönen Planeten Erde«, sagte ich zu ihr. Annabelle legte die Befundmappe neben sich auf den Stuhl, lehnte sich zurück, sah mich an und sagte: »Sie denn etwa nicht?«

»Sehr sogar«, versicherte ich ihr. »Die brutalen Düngemethoden, die Gier, die Regenwaldabholzung, die minderwertigen industriellen Nahrungsmittelproduktionen, die Ungerechtigkeit, all das macht mir auch große Sorgen.«

»Und wie leben Sie, Herr Doktor?«, fragte mich Annabelle. Ihr Blick wurde ruhiger.

»Meine Frau und ich versuchen uns biologisch zu ernähren, so gut es geht, was aber bei Einladungen oder Reisen natürlich nicht immer möglich ist.«

»Und Sie vertragen alles?«, fragte mich Annabelle, immer neugieriger werdend.

»Natürlich nicht!«, sagte ich. »Das eine vertrage ich besser, das andere schlechter. Auch habe ich manchmal schon allergisch reagiert.«

»Und stört Sie denn gar nicht, was da alles aus reiner Geldgier erzeugt, verkauft und kaputt gemacht wird?«, fragte Annabelle weiter.

»Natürlich stört es mich und ich versuche auch das Beste daraus zu machen, indem ich Menschen berate und aufkläre. Mein Interesse war so groß, dass es schließlich sogar mein Beruf geworden ist«, antwortete ich.

»Wie bei mir«, sagte Annabelle. »Aus diesem Grund arbeite ich auch in einem Bio-Geschäft.«

Als mir Annabelle dies sagte, lächelte sie das erste Mal und wirkte im Lächeln nicht mehr so gejagt und verängstigt.

»Ich kann mir vorstellen, dass Sie sich auf diesem Gebiet auch gut auskennen, und bin sicher, dass Sie über biologische Nahrungsmittel viel gebildeter sind als ich. Die Kunden werden sicherlich froh sein, wenn sie von Ihnen bedient werden. Gefällt Ihnen Ihre Arbeit?«, fragte ich sie.

»Die einzige Zeit in meinem Leben, in der es mir halbwegs gut geht, ist, wenn ich in meinem Geschäft bin«, war ihre Antwort.

»Das freut mich für Sie, dass Sie einen so schönen Beruf gefunden haben. Da haben wir zwei etwas gemeinsam. Mir gefällt mein Beruf auch gut«, sagte ich.

Annabelle lächelte wieder und sagte: »Sie haben es auch wirklich schön hier.«

»Danke«, sagte ich zur ihr. »Annabelle, ich kenne Sie noch kaum, was mich aber jetzt schon beeindruckt, ist, wie sehr Sie sich mit anderen mitfreuen können. Sie kommen ja mit Sorgen und recht umfangreichen Problemen zu mir und können sich an meiner schönen Praxis erfreuen. Das ist eine große Kraftquelle, um gesund werden zu können.«

»Glauben Sie, dass Sie mir helfen können?«, fragte sie daraufhin.

»Wenn Sie damit meinen, ob Sie vollkommen beschwerdefrei werden, das kann ich nicht versprechen. Aber ich werde mich bemühen, Sie auf einem Weg zu begleiten, damit Sie wieder kräftiger werden und wieder mehr Speisen vertragen und genießen können«, antwortete ich.

Ich untersuchte Annabelle. Sie wirkte müde und geschwächt. Meine Vermutung war, dass sie an so vielen Fronten in ihrem Leben zugleich kämpfen musste, dass da keine Zeit zur Regeneration blieb. Ich bat deshalb Annabelle, ein genaues Tagebuch zu führen, in dem sie aufschrieb, was sie aß und trank, vor allem aber, wann sie in der Früh aufstand, sich am Abend hinlegte und wie es ihr am jeweiligen Tag in ihrer Stimmung ging.

»Annabelle«, sagte ich ihr, »Sie wirken auf mich so müde. Sie sind eine sehr engagierte und kritische Frau. Das kostet Sie viel Kraft. Gönnen Sie sich bis zum nächsten Termin wenn möglich ein- bis zweimal eine sensitive Gestaltmassage. Das ist eine sehr angenehme und empathische Behandlungsmethode, bei der über die Haut Körperwahrnehmung und Kontakt verstärkt werden. Versuchen Sie, während der Massage nachzuspüren, wie es Ihnen dabei geht und welche Gefühle da lebendig werden. Bei so viel Anstrengung haben Sie sich das verdient«, sagte ich zu ihr.

»Und das soll mir bei meiner Verdauungssituation helfen?«, fragte sie kritisch.

»Nicht direkt«, sagte ich, »aber auch zur Verdauung brauchen wir Kraft und Energie. Deshalb sind wir ja nach einer schweren Mahlzeit so müde.«

Annabelle versprach mir, diese Massagen auszuprobieren. Nach zwei Wochen kam sie wieder, erzählte, dass ihr die Massage gutgetan habe und sie sich daraufhin auch wohler und kraftvoller gefühlt habe.

»Jetzt haben Sie schon zwei Orte, die Ihnen guttun«, sagte ich ihr, »Ihr Geschäft und die Massagen. Sie werden sehen, da kommen noch viele Orte dazu.«

Tatsächlich entdeckte Annabelle in den folgenden zwei Jahren der Therapie noch viele Quellen, die sie stärkten. Sie nahm an Gewicht zu, die Haut wurde glatter, die Augen waren nicht mehr so tiefliegend. Vor allem aber besserte sich ihre Darmempfindlichkeit zusehends. Sie musste weiterhin gewisse Lebensmittel meiden, aber der Speiseplan war schon weit abwechslungsreicher als zuvor. Die diätetische Behandlung war weiterhin notwendig. Die Hauptaufgabe meiner Therapie war aber, Annabelle so gut in Kontakt mit sich selbst zu bringen, dass sie wieder ihrem Körper mehr vertrauen konnte als den erhobenen Befunden und den vielfältigsten therapeutischen Empfehlungen. Die therapeutische Zielsetzung war im ersten Schritt, Beziehung herzustellen und die in ihrer fanatischen Enge bereits einsame Frau verstehen zu lassen, dass sie nicht alleine ist. In der Sorge um unsere Welt konnte ich sie natürlich sehr gut verstehen, und damit konnte auch ein Raum der Heilung geöffnet werden, in dem Vertrauen, Identifikation und Beziehung wachsen konnten.

Was mich an Annabelles Gesundungsprozess an meisten freute, war, dass sie ihren Fanatismus aufmachen und nicht nur das eigene Leben besser genießen, sondern auch die Welt derer wertschätzend wahrnehmen konnte, die ihr Leben anders gestalteten. Umweltverschmutzung, genmanipulierte Nahrungsmittel, Gier und Ausbeutung blieben natürlich weiterhin traurige Realität, aber Annabelle konnte ihren Freundeskreis erweitern, was nur dadurch möglich war, dass sie selbst toleranter und offener wurde.

Kurz bevor wir die Behandlung abgeschlossen hatten, empfahl ich ihr, die Kinokomödie »Und dann kam Polly« anzusehen, ein

Film mit Ben Stiller und Jennifer Aniston, in dem es um einen Risk-Manager geht, der alle Risiken in seinem Leben möglichst ausschalten und vermeiden will. Dadurch wird er immer empfindlicher, hat alle Nahrungsmittelunverträglichkeiten und ist ständig ängstlich und besorgt.

Nichts vertragen und niemanden ertragen liegen ja tatsächlich nahe beieinander.

Zum letzten Termin kam Annabelle und sagte, dass sie mit ihrem Freund herzlich gelacht hatte, als sie den Film sahen. Da wusste ich, dass sie die Botschaft verstanden hatte.

Was meinem Bruder Hans hier gelingt, ist wertschätzende Ressourcenarbeit. Er beginnt mit Annabelle keine Diskussion über diverse Diäten. Würde er das tun, würde sich Annabelle bedroht fühlen und er würde ihr die letzten Haltegriffe nehmen. Er verführt sie auch nicht mit einer neuen Therapiemethode, an die sich Annabelle in ihrem Kranksein schnell klammern würde, sondern bietet ihr das an, was sie am dringendsten für ihren Heilungsprozess benötigt, und das ist Beziehung. Diese Beziehung stellt er dadurch her, indem er konsequent versucht, seine Patientin zu verstehen und ihr wertschätzend immer wieder das Gefühl gibt, verstanden zu sein.

Der heilende Moment in dieser dialogischen Beziehung ist genau jener, in dem sich beide eingestehen, wie gerne sie in ihrem Beruf arbeiten und wie sinnvoll für beide ihr berufliches Sein ist. Über die angebotene Beziehung verhilft er der Patientin, wieder mit sich selbst in Kontakt zu kommen. Das ist für Annabelle die Voraussetzung, um sich aus vielen »Therapiefallen« zu befreien und ihren eigenen Heilungsweg zu gestalten. Durch die gelungene therapeutische Beziehung entsteht Vertrauen, dadurch ist Heilung möglich!

Nimm deine Oma auf die Schultern

Georg Wögerbauer

Silvia ist 35 Jahre alt. Ich kenne auch ihre Familie, die ich schon seit 18 Jahren hausärztlich begleite. Ihre Eltern sind Landwirte. Silvia hat vier Geschwister, und was sie von klein auf in ihrer Familie gelernt hat, ist hart zu arbeiten. Sie hat immer gut gelernt, hat nach der Matura (dem Abitur) die Pädagogische Akademie besucht und arbeitet seit Jahren als Volksschullehrerin. Mit ihrer beruflichen Tätigkeit ist sie sehr zufrieden, aber privat gab es bald nach der Heirat Probleme. Nach der Geburt des zweiten Kindes, das gemeinsame Haus war auch schon gebaut, war die Sprachlosigkeit zwischen Silvia und ihrem Mann perfekt. Sie erfüllten nebeneinander ihre »Elternfunktion« so gut wie möglich, aber sie führten keine lebendige Partnerschaft mehr. Dieses Leben hielt Silvia noch zwei Jahre aus. Als sie jedoch bemerkte, dass ihr Mann schon seit längerer Zeit eine Geliebte hatte, zog sie die Konsequenz und verließ ihn und das gemeinsame Haus. Das war vor ungefähr vier Jahren.

Im Frühling kam sie zu mir, und auf meine obligate Einstiegsaufforderung »Erzählen Sie mir bitte von Ihren Zufriedenheiten« hat sie wie folgt geantwortet: »Ich bin zufrieden, wie ich es nach der Trennung geschafft habe, mit meinen Kindern eine eigene Wohnung zu finden, und ich bin auch zufrieden, wie ich sie als Mutter versorge. Ich liebe meine Kinder und ich bin auch zufrieden, dass ich ausdauernd und leistungsfähig bin. Durch meinen Beruf bin ich finanziell selbstständig und kann für die Kinder und mich gut sorgen.« Ich wiederholte, was sie mir zu Recht mit Stolz anvertraut hatte, und signalisierte ihr für das Viele, was ihr gelungen ist, meine Wertschätzung. »Erzählen Sie mir bitte mehr auch über Fähigkeiten, Silvia, spezifische Talente, die Sie zufrieden machen. Was können Sie besonders gut, was gefällt Ihnen an Silvia? Bei welchen Tätigkeiten können Sie ganz Silvia, ganz zufrieden sein?«

Jetzt wurde die sonst wortgewandte junge Frau sehr nachdenklich und zugleich das sonst meist freundlich lächelnde Gesicht von einer Welle der Traurigkeit überflutet. »Ich habe früher gerne getanzt, ich konnte mal gut singen und in meiner Jugend hab ich voller Begeisterung Klarinette gespielt. Aber das ist jetzt alles vorbei, das tu ich schon seit Jahren nicht mehr – zwei Kinder, alleinerziehend, mein Beruf als Lehrerin, die Wohnung sauber halten, und zu Hause brauchen sie auch noch meine Hilfe«, sagte sie unter Tränen. »Das ist mir alles zu viel!«

»Das kann ich mir gut vorstellen«, war meine Antwort, »aber lassen Sie mich noch mehr Ihre Zufriedenheiten verstehen.«

»Ich bin sehr genau, sehr verlässlich, immer pünktlich, bei mir zu Hause muss immer alles sehr ordentlich sein. Ich mag keine halben Sachen. Das war auch so, als wir das Haus gebaut haben. Ich wollte alles fertig haben und möglichst perfekt. Am Schluss war zwar das Haus perfekt fertig, aber auch unsere Beziehung war perfekt ›fertig‹. Wir hatten uns nichts mehr zu sagen!«

In dieser Phase des Gesprächs wiederholte ich vor Silvia nochmals ihre Zufriedenheiten mit sich selbst und sagte: »Sie sind also genau, ehrgeizig, leistungsfähig, pünktlich, ordentlich, kräftig, verlässlich, ausdauernd, und Sie können auch gut singen, tanzen und musizieren.«

Es war spürbar, wie die eigens formulierten Zufriedenheiten, die ich Silvia widerspiegelte, sie berührten, ihr aber auch zugleich Kraft und ein Stück Zuversicht gaben.

»Kann ich Ihnen jetzt erzählen, warum ich zu Ihnen komme?«, fragte sie mich.

»Gerne, aber bitte beantworten Sie mir vorher noch eine zweite ganz wichtige Frage: Wo sind Ihre Zufriedenheiten in Ihren Beziehungen? Wer ist Ihnen am vertrautesten? Mit wem können Sie reden, wenn's Ihnen wirklich schlecht geht?«

»Normalerweise erzählen Patienten dem Arzt ihre Beschwerden und Sorgen«, versuchte Silvia auszuweichen. »Sie sind schon ein eigenartiger Arzt, interessieren Sie wirklich nur meine Zufriedenheiten? Deswegen bin ich doch nicht da!«

Im Folgenden versuchte ich ihr zu erklären, dass die von ihr selbst formulierten Zufriedenheiten über die eigene Person und die erkannten Zufriedenheiten in ihren Beziehungen, aber auch in ihrem beruflichen Leben, Voraussetzung für ursächliche Heilung seien, egal, welches Beschwerdebild sie mir nennen würde.

Tatsächlich wusste ich zu dem Zeitpunkt noch nicht genau, welches Leiden diese Frau zu mir führte. Aber ihre Aufzählung von Perfektion, Leistungsdruck und »Alles muss immer ordentlich sein«, ihr hoher Anspruch, durchhalten zu müssen, alles fertig und zu Ende zu bringen, gaben mir schon eine Ahnung in Richtung Zwänge und Ängste, eine in unserer leistungsneurotischen Gesellschaft weit verbreiteten Erkrankung, die mit sehr hohem Leidensdruck verbunden ist.

Die Generation, die heute zwischen 40 und 65 Jahren alt ist, besteht gänzlich aus Kindern von Eltern, die den Zweiten Weltkrieg überlebt haben, und bewusst verwende ich das Wort »überlebt«. Auch ich gehöre zu dieser Generation, deren Eltern nach dem Krieg bei Null anfangen mussten, mit viel Anstrengung und Leistung ihr Leben lang Neues aufgebaut haben. Was wir von diesen Eltern oft in unterschiedlichen Formulierungen gehört haben, sind Sätze wie: »Ich hab dich lieb, weil du so tüchtig bist« oder »Schau, wie fleißig/wie tüchtig das Kind in der Schule ist«. Aber auch: »Er war schon in der Volksschule der Rechenkönig«, »Eine tolle Frau, was die alles gleichzeitig tut«, »Ein tüchtiger Mensch, sein Leben lang hart gearbeitet« usw.

Diese Sätze prägen uns und lassen sich auf die Botschaft reduzieren: Du bekommst meine Liebe für Leistung. Es ist unglaublich und berührend zu erleben, welche Leistungen Menschen mit dieser Neurotisierung vollbringen können, wie sie aber auch zu rackernden Überlebenskünstlern werden können, ihre wahre Zufriedenheit aber selten erreichen. Auch nicht mit Ersatz wie Konsum oder Sucht.

»Zufriedenheiten in meinen Beziehungen?«, besann sich Silvia, »ja, das sind meine beiden Kinder, aber mit dem Ältesten habe ich viele Sorgen, der macht die Hausaufgaben so schlampig. Er könnte leicht lauter Einser haben, aber er ist so ein Träumer. Stundenlang sitze ich mit ihm und schreibe Verbesserungen.«

Damit könnte die junge Mutter ihre eigene Neurotisierung auf ihren Sohn übertragen. Der wehrt sich noch mit Träumereien gegen die Rigidität seiner Mutter und gegen die fantasieraubende Schulwelt. Ich hoffe insgeheim für ihn, dass er so stark bleiben kann und sich das Träumen niemals nehmen lässt, sei es auch um den Preis von schlechteren Schulnoten.

»Nein«, unterbreche ich, »erzählen Sie mir bitte, was Sie zufrieden macht in der Beziehung zu Ihrem älteren Sohn, nicht, was Sie an ihm stört.«

Und wieder erfasste sie eine große Traurigkeit und wie aus einem Sturzbach sprudelte es aus ihr heraus: »Er ist der einzige, der mir ansieht, dass mir eigentlich schon alles zu viel ist. Oft kommt er am Abend, wenn ich alleine sitze, und dann drückt er sich zu mir. Er spürt so viel und er kann mich so anschauen, dass ich mich in meiner Einsamkeit und Erschöpfung von ihm wirklich verstanden fühle. Er ist ja noch ein Kind und ich habe ständig Angst, ihn mit meinen Ängsten und meiner Erschöpfung zu überfordern.«

Genau in dieser Phase des Gesprächs öffnete sich für Silvia ein Heilungsraum. Durch die Beziehung zu ihrem älteren Sohn kam sie an ihre wirklichen Gefühle und Bedürfnisse heran und setzte wie folgt fort: »Ich kann nicht mehr! Seit sechs Monaten wache ich fast jede Nacht schweißgebadet auf und hab solche Angst. Ich hab das Gefühl, das Herz springt mir aus der Brust, ich bekomme keine Luft, und in solchen Situationen kann ich lange nicht wieder einschlafen. Ich bin chronisch übermüdet und wenn in der Früh dann der Wecker läutet, stehe ich halbtot auf und beginne wieder zu funktionieren. Das Ganze ist kein Leben mehr, so will ich nicht mehr weitertun, so kann ich auch keine gute Mutter für meine Kinder sein.« Sie gestand, dass sie schon öfter den Gedanken hatte, ihr Leben zu beenden, aber aus Liebe zu den Kindern habe sie bis jetzt weiter funktioniert.

In dieser Phase unseres Erstgesprächs hat mir Silvia nicht nur über ihre Ressourcen und Zufriedenheiten erzählt. Sie hat selbst auch schon die Diagnose ihres Leidens formuliert, die ich in der Fachsprache wie folgt benenne: Erschöpfungsdepression, chronisches Schlafdefizit, Angst- und Panikattacken.

»Haben Sie persönliche Freiräume, Silvia? Gibt es eine beste Freundin, einen besten Freund? Leben Sie jetzt wieder in einer partnerschaftlichen Beziehung? Können Sie mit Ihrem Ex-Mann gut Elternschaft leben für die beiden gemeinsamen Kinder?« Das alles sind weitere wichtige Fragen, die ich Silvia in unserem Erstgespräch stellte.

Gegen Ende der Stunde, zu einem Zeitpunkt, als ich auch Vertrauen zwischen uns spüren konnte und wahrnahm, dass sie jetzt ganz da war, in Kontakt mit sich selbst und mit mir, fragte ich: »Silvia, gibt es einen Menschen in Ihrem Leben, der Ihnen besonders wichtig war und plötzlich aus Ihrem Leben verschwunden ist, vielleicht durch einen Unfall, Wegzug, durch Tod oder eine Trennung?«

»Ja, das war meine Oma«, sagte sie. »Sie erinnern sich, vor Jahren war ich mit ihr bei Ihnen, weil ich mir so Sorgen um sie gemacht habe. Sie war mir wirklich speziell nahe. Zu ihr konnte ich immer kommen. Meine Eltern habe ich nur arbeitend in Erinnerung. Meine Mutter war meistens erschöpft, aber hatte noch immer genug Energie, um mich zu kontrollieren. Den Vater habe ich als kleines Kind kaum wahrgenommen, der war viel weg. Wer aber immer für mich da war, das war meine Oma. Sie hat auch nicht geschimpft, wenn ich schmutzige Hosen oder zerrissene Strümpfe hatte. Oft hab ich sie bei der Arbeit in ihrem Garten besucht und sie hat mich mitmachen lassen und hat mir viel gezeigt. Mit ihr hab ich mir auch Fernsehfilme ansehen dürfen, die mir meine Mutter nie erlaubt hätte. Bei ihr konnte ich die Silvia sein, die ich bin. Mit ihr hab ich gesungen und viel Spaß gehabt.«

Es war schön zu sehen, wie lebendig Silvia wurde, als sie über ihre Oma sprach. Die Augen begannen zu strahlen. Sie atmete tiefer, bewegte sich beim Erzählen und wirkte auf einmal viel kräftiger und gelöster.

»Wenn ich von meiner Oma erzähle, dann geht's mir gut. Sie hat mich so gut sein lassen, so wie ich war«, sagte sie mit einem jetzt schon authentischen Lachen in ihrem Gesicht. »Vor fünf Jahren ist meine Oma dann krank geworden und sie war oft im Krankenhaus. Ich weiß noch, das war das Jahr vor meiner Trennung. Da ging's mir selber sehr schlecht, da war ich sehr mit meiner Beziehungskrise beschäftigt. Meine Oma ist dann genau in der Zeit gestorben, als ich mit den Kindern ausgezogen bin. Da war ich voll gefordert und es macht mich heute noch sehr traurig, dass ich mich nicht wirklich von meiner Oma verabschiedet habe.«

»Stellen Sie sich vor, Silvia«, sagte ich, »Ihre Oma würde die ganze Zeit schon neben uns sitzen und unser Gespräch verfolgen. Wie würde sie jetzt reagieren? Was würde sie sagen? Was ist die Botschaft, die Oma für Silvia heute hat?«

»Ich bin mir sicher, wenn mich meine Oma jetzt so sehen würde, würde sie mich ganz fest drücken. Sie würde sagen: ›Silvia, das ist o. k., wenn du traurig bist, und du brauchst auch kein schlechtes Gewissen haben, dass du für mich nicht so viel Zeit hattest, als es bei mir zum Sterben ging. Ich habe doch gesehen, dass du in dieser Zeit so mit deiner Beziehung beschäftigt warst. Ich hab immer schon gewusst, dass du eine gute Mutter zu deinen Kindern sein wirst. Ich weiß auch, wie tüchtig du bist. Erinnere dich doch, wie fröhlich du warst, wenn wir gesungen haben. Wie gern du getanzt hast und wie wichtig dir die Musik war.‹«

»Was würde sie noch sagen? Lassen Sie die Oma weitersprechen!«, forderte ich Silvia noch mal auf, und sie setzte fort: »›Silvia, du musst nicht alles hundertprozentig machen. Bei dir zu Hause ist es viel zu sauber und ordentlich! Kannst du dich erinnern? In meiner alten Küche war es auch nicht immer blitzsauber, aber du hast dich dort am Sofa bei mir sehr wohl gefühlt. Dein älterer Sohn braucht nicht lauter Einser, der braucht eine Mutter, die wieder lachen kann und tanzt, und den Lehrern sag schöne Grüße von deiner Oma. Die sollen ihrem Urenkel ja nicht seine Fantasien und Träume rauben durch langwierige, öde Hausaufgaben und Verbesserungen der Verbesserungen.‹ Und außerdem würde sie sagen: ›Silvia, ich weiß, dass du eine sehr gute Mutter bist, und du hast es gar nicht nötig, deine Kinder ständig zu kontrollieren. Vertrau ihnen und trau ihnen auch was zu. Erlaub dir doch wieder einmal fortzugehen und für dich zu sorgen und bau in deinem Herzen doch wieder einen Landeplatz für einen Menschen, der dich so liebt, wie du bist. Du sagst zwar, du brauchst keinen Mann mehr, aber ich kenne dich doch, dass du Sehnsucht nach jemandem hast, der dich liebt und mit dir so lebt, dass es dir gut geht.‹«

Silvia hat gar nicht mehr aufgehört, ihre Oma reden zu lassen. Sie war aufgewühlt, lachend und weinend und sehr lebendig, als sie ihre Oma hergeholt hatte. »Ich kann meine Oma jetzt sehr nah spüren und das tut mir so gut«, sagte sie. »Mir ist jetzt viel leichter und gleichzeitig fühle ich mich mutiger und reicher.«

»Setzen Sie sich Ihre Oma als Ihren Schutzengel und Ihre Begleiterin auf die Schultern«, sagte ich, »und wenn Sie jetzt aus der Praxis fortgehen, die Treppen hinunter und nach Hause zu Ihren Kindern und morgen in die Schule, dann lassen Sie Ihre Oma immer auf Ihrer Schulter sitzen. Ihre Oma hat so viel in Sie hineingeliebt. Da ist ein ganz lebendiger und kostbarer Schatz von Ihrer Oma in Ihnen. Sie wird Ihnen helfen, wieder gesund zu werden. Aus der Enge des Leistenmüssens und Funktionierens werden Sie mit Ihrer Oma wieder lernen zu tanzen und zu singen.«

14 Tage später kam eine veränderte Silvia zu mir in die Praxis. Sie könne wieder besser schlafen und die Ängste tauchten nur mehr fallweise auf. Mithilfe ihrer Oma habe sie gelernt, den Ängsten zu begegnen, und seitdem sie ihre Oma auf der Schulter sitzen hat, habe sich die Beziehung zu ihrem Sohn deutlich entspannt. Sie können wieder mehr miteinander lachen und blödeln. Die Strenge sei endlich wieder dem Spielerischen gewichen.

Ich weiß, Sie werden mir jetzt sagen, das klingt wie eine Wunderheilung – und das war es auch. Aber das Wundersame, das Heilende war die Beziehung zwischen Oma und Silvia. Die Großmutter auf der Schulter der jungen Frau war beruhigender für sie als jeder Tranquilizer und jedes angstlösende Antidepressivum. In Situationen der Angst hat Silvia gelernt, ihre Oma zu holen. Die Großmutter wurde ihr für den weiteren Weg zur wichtigen Begleiterin. Die Oma ermöglichte Silvia einen Schutzraum, in dem sie authentischer zu sich selbst stehen konnte. Sie hat gelernt, sich ihrer Ressourcen zu bedienen und wurde damit langsam wieder gesund.

In meinem Beruf habe ich seit 25 Jahren mit vielen Menschen Ressourcensuche betrieben und fast immer konnten wir einen »Schatz« heben, der Heilung und Entwicklung erleichtert oder ermöglicht hat. Es ist berührend und immer wieder ein Geschenk, zu erleben, wenn Menschen ihren ganz persönlichen Schatz entdecken, erkennen, annehmen und damit schrittweise ihren Heilungsweg beginnen und gehen!

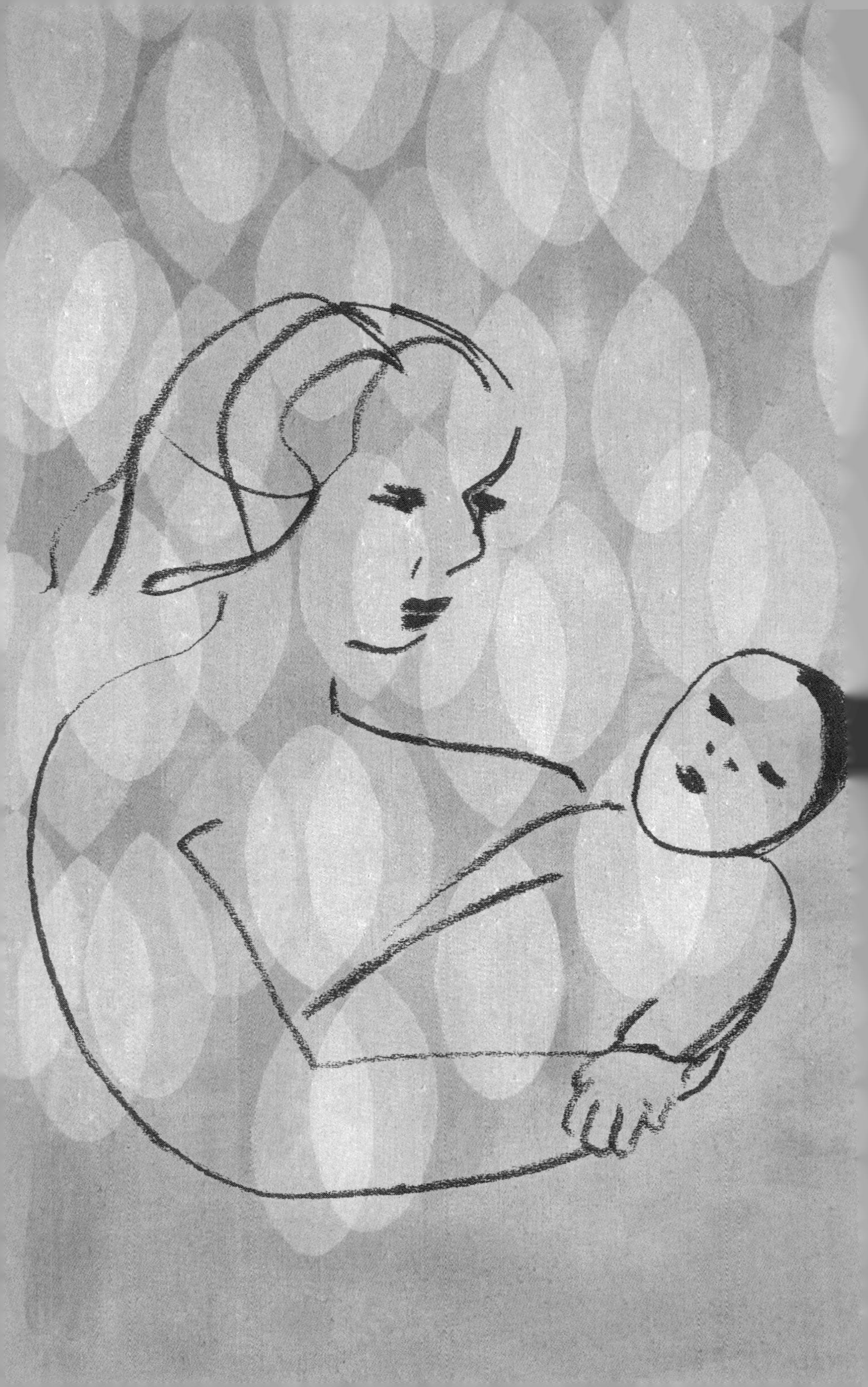

Frau F. und ihre Karoline

Hans Wögerbauer

Das Erlebnis ist schon sehr lange her. Dennoch ist es mir so im Gedächtnis, als wäre es gestern gewesen, und rührt mich heute noch mehr als damals. Vielleicht deshalb, weil ich nach 25 Jahren integrierender Medizin Zusammenhänge besser wahrnehmen kann, vielleicht aber auch deshalb, weil die Ehrfurcht vor dem Leben und vor der Wandlungs- und Entwicklungsmöglichkeit von uns Menschen immer größer wird. Oft durfte ich Zeuge eines Wunders sein – Wunder, wie man sie oft in Märchenbüchern liest. Das Leben ist aber kein Märchenbuch und dennoch voller Wunder! Ich lade Sie ein, eines dieser Wunder mit mir gemeinsam zu erleben.

Es war an einem Samstagabend, als ich in die gynäkologische Abteilung gerufen wurde. Ich war schon müde, obwohl ich noch einen langen Dienst vor mir hatte. Es war dies zu einer Zeit, als Ärzte nicht selten am Freitag in der Früh den Dienst antraten und erst am Montag am späten Nachmittag das Krankenhaus verließen. In diesem speziellen Fall war das aber gut so.

Die werdende Mutter, eine 19-jährige junge Frau, lag nicht wie üblich auf der Station, sondern schon im Entbindungsvorraum, weil die Geburt schon weit fortgeschritten war. Eine blasse, 19-jährige junge Frau saß am Bettrand, dünnes, blondes, schulterlanges, strähniges Haar, dunkle Ringe unter den Augen. Sie trug einen alten, hellblauen Jogginganzug und blickte kaum auf, als ich das Zimmer betrat. Ich begrüßte sie, stellte mich vor und fragte, wie es ihr ginge. Es kam keine Antwort. Ein teilnahmsloser Blick – ich konnte nicht einmal sagen, dass sie traurig wirkte, einfach teilnahmslos. Ich fragte sie, wie oft die Wehen kämen. Sie wisse es nicht, war die Antwort. So nahm ich ihre Daten auf, untersuchte sie, notierte den Status quo und hätte eigentlich gehen können, weil ein Gespräch nicht möglich war. Aber irgendetwas ließ mich innehalten. Im ersten Moment der Begrüßung dachte ich, diese Frau sei geistig behindert, was aber gar nicht stimmte. Sie hatte eine gute Schulbildung, einen Hauptschulabschluss, eine abgeschlossene Lehre, arbeitete als Verkäuferin und war geistig sehr rege, wie sich später herausstellte.

So saß ich ihr vis-à-vis, sie am Bettrand, ich am Sessel. Ich fragte sie, ob sie Angst hätte. »Nein, es wird schon irgendwie kommen«, antwortete sie. Ob sie denn einen Geburtsvorbereitungskurs besucht hätte, versuchte ich ins Gespräch zu kommen. »Ja, anfangs war ich ein paar Stunden dabei, aber vom Dienstgeber her war es so schwierig sich freizunehmen, so habe ich es dann bleiben lassen«, sagte sie.

»Wären Sie noch gerne in diese Gruppe weitergegangen?«, fragte ich. Sie hob wortlos die Schultern hoch und nahm das erste Mal bewusst Blickkontakt zu mir auf. Jetzt sah ich große, traurige und einsame Augen. Ob sie sich denn auf ihr Baby freue, war meine weitere Frage. Sie sah mich an, stemmte sich am Bettrand mit den Armen auf, den Oberkörper nach vorne gebeugt, die Beine unter dem Bett baumelnd. Sie blickte auf den

Boden und sagte auf einmal: »Ich glaub, ich werde es zur Adoption freigeben.«

»Haben Sie mit Ihren Eltern darüber gesprochen?«

Der Blick blieb auf den Boden gerichtet: »Eltern – was ist das? Den Vater kenn ich nicht und die Mutter ist sauer auf mich, weil ich das Kind nicht abgetrieben habe. Ich habe sie seit Monaten nicht gesehen.« Der Vater des Kindes – ihr Freund – hatte sich von ihr getrennt, als er von der Schwangerschaft erfahren hatte.

»Sie sind ganz allein – stimmt's?«, äußerte ich meine Vermutung. »Ja, was soll ich denn tun?«, war ihre Frage an mich.

Unser Gespräch wurde unterbrochen, weil ich auf die Abteilung gerufen wurde. Im Hinausgehen sagte ich: »Jetzt bekommen Sie einmal Ihr Kind, wenn Sie aber etwas brauchen, können Sie mich jederzeit rufen lassen.«

An diesem Abend war viel zu tun. Knapp vor Mitternacht wurde ich in den Kreißsaal zur Entbindung gerufen. Frau F., so hieß die junge Frau, fragte mich: »Kann das noch schlimmer werden, Herr Doktor?« Ich konnte nicht antworten, weil die Hebamme schneller war: »Wenn's ordentlich mittun, dann haben wir's gleich.«

Ich stellte mich zu Frau F. und sagte ihr, sie solle meine Hand fest drücken, wenn die Wehe kommt, und genau das tun, was die Hebamme sagt. Ich sagte ihr noch, dass die Hebamme sehr erfahren sei und sie sich voll auf sie verlassen könne. Frau F. nahm dankbar meine Hand und presste tapfer und bald war das Baby geboren.

Bevor ich etwas mitbekommen konnte, wurde die Hebamme hektisch. »Schnell, holt's den Oberarzt«, presste sie zwischen den Lippen heraus. Jetzt erst sah ich, dass das Kind eine schwere Missbildung – eine ausgeprägte Lippen-Kiefer-Gaumenspalte – hatte, blau wurde und nicht atmete.

Frau F. lag erschöpft im Bett und fragte nichts. Ich ging mit der Hebamme zum Wickeltisch, sie saugte das Kind ab und es fing verspätet, aber Gott sei Dank, zu atmen und zu schreien an. Bevor der Oberarzt noch eintraf, brachte die Hebamme Frau F. ihr Kind mit den Worten: »Das ist Ihr Kind, erschrecken Sie nicht, es hat eine Missbildung, die man aber heute recht gut operieren kann«, und legte ihr das Baby auf den Bauch.

Und jetzt geschah etwas, was ich heute als »heiligen Moment« bezeichnen würde. Große Wandlungen und bedeutsame Ereignisse vollziehen sich oft in Bruchteilen von Sekunden und sind von einem unbeschreiblich tiefen »In sich Sein« geprägt.

Ich stand am oberen Bettende und berührte die Schultern von Frau F. Sie nahm mich gar nicht wahr. Ich weiß noch genau – ich wollte irgendetwas »Passendes« sagen, aber mir fiel zum Glück nichts ein. In heiligen Momenten soll man eben schweigen!

Frau F. sah ihr Kind – es sah wirklich schlimm aus, noch blutverschmiert und eine klaffende, bis zur Nase offene Lippen-Kiefer-Gaumenspalte. Sie nahm ihr Kind, drückte es an sich, streichelte es und sagte ganz leise – eigentlich nur für ihr Kind hörbar: »Baby, es wird alles gut werden«, und küsste es immer wieder auf den Kopf.

Ich glaube, die Hebamme bekam diesen Moment nicht mit. Sie gab noch ein paar routinemäßige Anordnungen, die auch ich nur in Trance wahrnahm, und versorgte die Nachgeburt.

Was mich so rührte und heute noch so beeindruckt, war die Wandlung dieser Frau. Vor nicht einmal vier Stunden eine blasse, junge Frau, unsicher und teilnahmslos, wurde sie jetzt zu einer beeindruckenden, klaren Frau, die ihrem Baby Halt und

Sicherheit gab. Sie konnte ihr Kind, so wie es war, willkommen heißen.

Sie hat nichts gefragt, keine technischen Details oder sonstige Behandlungsoptionen. Sie hat ihr Baby voll angenommen und ihm die schönste aller Sicherheiten mit auf den Lebensweg gegeben: »Es wird alles gut werden.«

Der Oberarzt kam herein, ich glaube, dass er die Situation sofort wahrgenommen hat, stellte sich vor, gratulierte der Mutter zu ihrem Kind und übernahm es zur Untersuchung. Neben der Gaumenspalte hatte das Kind leider noch einen Herzfehler, was dem Oberarzt viel größere Sorgen machte, und er musste es sofort auf die Neonatologie mitnehmen.

»Das mit der Gaumenspalte ist das geringere Problem, das ist heute gut operierbar und sie wird sicher ein ganz hübsches Mädchen«, sagte der Oberarzt. »Das mit dem Herz muss ich mir aber genauer ansehen. Morgen können Sie Ihr Kind besuchen kommen«, und verschwand mit seinem ganzen Tross – Assistenzarzt, Kinderintensivschwester und unserer kleinen Patientin im Brutkasten – in Richtung Kinderabteilung.

Zurück blieb Frau F. in ihrem Bett, eine ruhige, erschöpfte, aber – so könnte ich sie am besten beschreiben – zufriedene Frau.

Gegen 2 Uhr früh habe ich mich verabschiedet und ihr gesagt, sie solle mich rufen lassen, wenn sie etwas bräuchte, und ging in die Kinderabteilung, um bei der Untersuchung des Kindes dabei zu sein.

In der Früh war ich auf meiner »Spritzentour« durch die Abteilung unterwegs und kam auch zu Frau F. »Guten Morgen«, begrüßte sie mich. »Hatten Sie wenigstens nach mir etwas Ruhe, es ist ja gestern ordentlich spät geworden.«

Wieder war ich fast sprachlos. Gestern bei der Begrüßung nahm mich die gleiche Frau kaum wahr, konnte keine drei Worte sagen und heute begrüßt sie mich und fragt mich, wie es mir ginge.

Ich erzählte ihr, dass ich in der Nacht noch in der Kinderabteilung war und nach ihrer Tochter geschaut hatte und dass sich alle sehr um sie bemühten und es ihr gut ginge.

»Übrigens heißt meine Tochter Karoline«, sagte sie mir. »Wann kann ich sie denn besuchen?« Gegen 11 Uhr begleitete ich Frau F. in die Kinderabteilung. Da der Weg in die Kinderabteilung sehr weit war, empfahl ich Frau F., sie solle sich im Rollstuhl führen lassen, da sie sehr blass und kreislaufschwach war. Auf der Kinderabteilung wurden wir schon erwartet. Die Krankenschwestern kümmerten sich um Frau F. und erklärten ihr die Situation. Der Oberarzt war auch noch im Dienst und sagte, dass er Karoline in ein größeres Krankenhaus transferieren müsse, da sich die Herzkreislaufsituation nicht stabilisieren ließe. Frau F. hörte sich alles an, während sie ihre Karoline im Brutkasten auf Wange, Oberarm und Handrücken streichelte. Frau F. konnte aber nicht lange bleiben, ihr Kreislauf war zu schwach, und so gingen wir zurück auf die Abteilung. Dort angekommen, entschied der diensthabende Oberarzt, Frau F. eine Bluttransfusion zu geben, da ihr Hämoglobinwert sehr tief abgesunken war.

Am Sonntagnachmittag kam die niederschmetternde Nachricht, dass Karoline noch vor der geplanten Transferierung ins Allgemeine Krankenhaus Wien akut verstorben sei.

Als ich zu Frau F. auf die Station kam, war sie darüber schon informiert und begrüßte mich weinend: »Ich hab ja Karoline gesagt, es wird alles gut werden.«

Wieder war ich sprachlos. Frau F. war tief traurig, das war spürbar. Sie hatte ihr Baby 18 Stunden vorher bekommen, es voll angenommen, geliebt, beschützt und jetzt konnte sie es auf so beeindruckende Weise wieder loslassen.

Sie wollte sich von Karoline verabschieden. Deshalb begleitete ich sie wieder auf die Kinderabteilung. Die Schwestern führten Frau F. zum Inkubator, in dem Karoline ganz friedlich lag. Ein ganz liebes Baby, nicht einmal die Gaumenspalte fiel störend auf. Die Schwestern erklärten Frau F., wie alles gekommen sei, wie sich alle bemüht hätten, und auch in einer Spezialklinik wäre sicherlich nichts zu machen gewesen. Ich glaube, Frau F. nahm das alles nicht wahr. Sie stand stumm vor dem Bettchen, die Tränen rannen über ihre Wangen und sie streichelte Karoline so zärtlich, wie sie es 18 Stunden vorher kurz nach der Entbindung tat.

Ich begleitete Frau F. wieder auf ihre Station zurück, und während wir die langen Gänge unterwegs waren, sprach sie mit ganz ruhiger, aber bestimmter Stimme, wie sie das Begräbnis gestalten möchte. Und wieder verblüffte mich Frau F. mit der Klarheit, mit der sie ihre Verantwortung trug. Sie überließ nichts den Behörden oder Institutionen, sie wusste ganz klar, was zu tun war.

In den vielen Jahren, die ich als Arzt bereits tätig bin, habe ich sehr viel von meinen PatientInnen gelernt, aber die Begegnung mit Frau F. war ein dramatischer Intensivkurs in Bezug auf Lebensbewältigung. Ich werde ihr immer dankbar sein, durch sie erlebt zu haben, wie eine Situation – auch eine so dramatische – aus einem Menschen einen besonderen Menschen machen kann. Sie erkannte intuitiv, was in der gegebenen Situation ihre Aufgabe war, eine Aufgabe, die ihr das Leben so unverblümt und brutal gestellt hatte. Frau F. konnte dazu bedingungslos »Ja« sagen. Niemand hätte diese Aufgabe besser lösen können als Frau F. Im Wahrnehmen dieser Aufgabe konnte sie aus sich und über sich hinauswachsen und wurde lebendig und klar.

Ich gehöre nicht zu denjenigen, die Leid verherrlichen. Leid ist etwas Furchtbares. Und was diese junge Frau durchgemacht hat, war unbeschreiblich. Aber Leid gehört scheinbar zum Leben dazu. Wo wir es ethisch vertretbar verhindern können, sollten wir es unbedingt tun, weil wir sicher nicht nur an den im Leid an uns gestellten Aufgaben wachsen können. Und damit ist es auch hinfällig, die Frage über Sinn und Unsinn von Leid zu stellen.

Als ich am Montagnachmittag müde und verwirrt aus dem Dienst ging, schaute ich noch bei Frau F. vorbei und verabschiedete mich von ihr. Eine Freundin war auf Besuch und beide Frauen weinten. Offenbar erzählte Frau F. ihre dramatischen Erlebnisse.

An Frau F. erlebte ich Heilung im schönsten und edelsten Sinn des Wortes. Eine blasse, teilnahmslose, fast geistig abwesend wirkende junge Frau, scheinbar unfähig, Kontakt aufzunehmen und Gefühle zu zeigen, verwandelte sich in einem Moment zu einer gesunden, starken Frau. Sie konnte ihre Gefühle zeigen, wunderbar mit diesen Gefühlen umgehen und war fähig, in einem Moment höchster Gefordertheit, Verantwortung zu übernehmen und zu tragen. Ich sah Frau F. nie wieder. Was ich jetzt erzähle, ist frei erfunden. So denke ich mir, dass Frau F. nicht nur die eine Freundin angerufen hat, die bei meiner Verabschiedung am Bettrand gesessen ist, sondern noch einige mehr, um mit ihnen ihre Trauer zu leben. Ich könnte mir aber auch gut vorstellen, dass Frau F. auch ihre Mutter benachrichtigt hat, mit ihrer gefühlvollen Art zu ihr Brücken bauen konnte, sie schließlich auf Besuch kam und ihre Mutter einfach tränenüberströmt fest umarmt hat. Ich könnte mir aber auch vorstellen, dass sie als klare, gefestigte Frau ihrer Mutter nicht einmal Vorhaltungen gemacht hat und das Verhalten ihrer Mutter während der Schwangerschaft einfach stehen gelassen hat. Ich könnte mir auch vorstellen, dass die Mutter von Frau F. durch den Gefühlsausdruck ihrer Tochter sogar Beziehung zu ihrem Enkelkind aufbauen konnte, obwohl sie es doch nie gesehen hatte.

So könnte ich mir auch vorstellen, dass Frau F. nicht alleine, sondern in einer kleinen, aber sehr bewegten Gruppe Karoline gemeinsam bestattet hat. Und ich könnte mir außerdem vorstellen, dass die kleine Karoline als Schutzengel über das weitere Leben von Frau F. wacht, weil das, was die junge Mutter in diesen 18 Stunden in dieses Kind hineingeliebt hat, ewig bleiben wird.

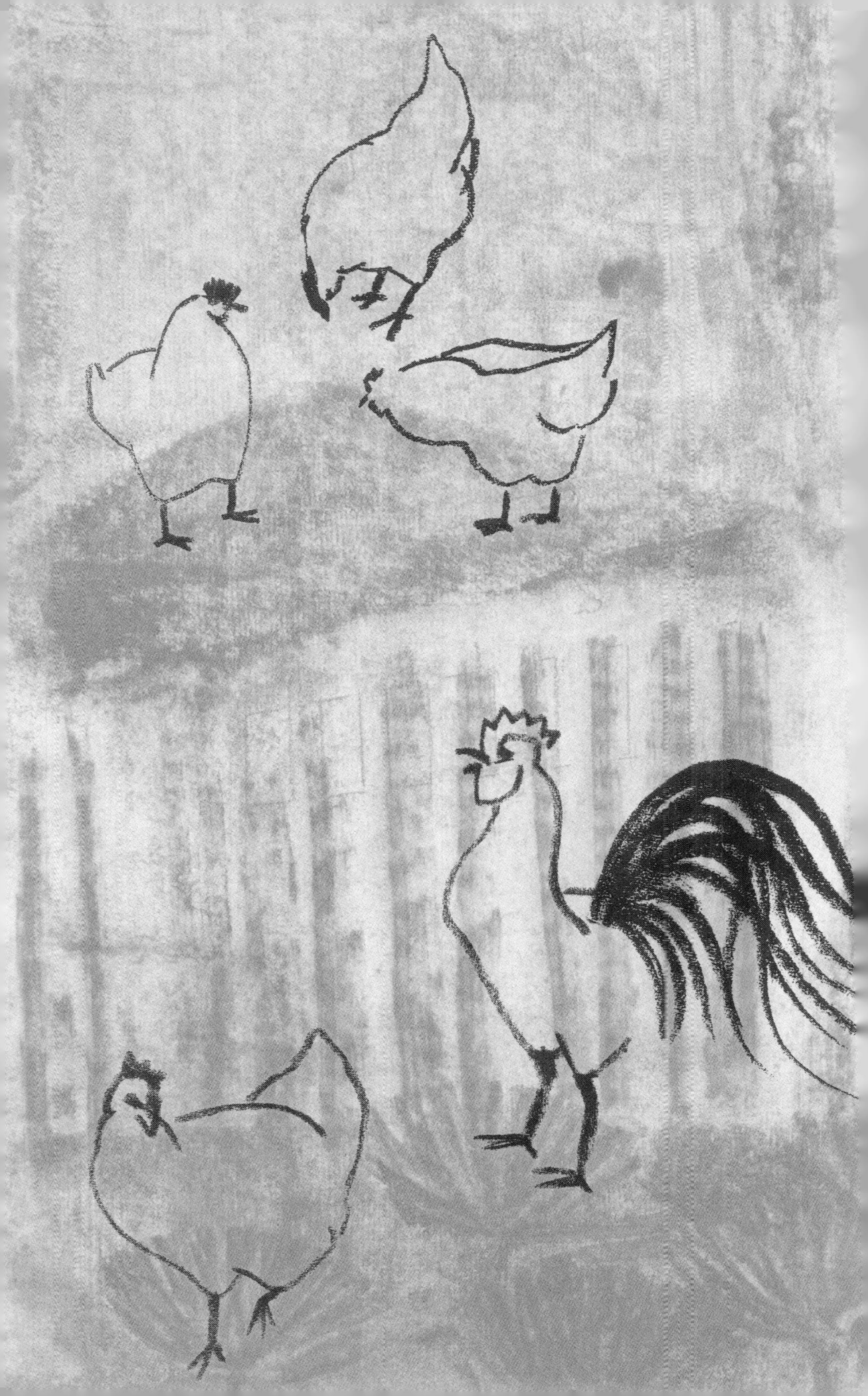

Mein Hühnerstall

Georg Wögerbauer

Im Zuge der von Ärzten und Medien aufgeputschten Vogelgrippehysterie mussten auch wir vor einigen Jahren unsere glücklichen Freilandhühner hergeben. Im diesjährigen Frühling – Millionen Menschen wurden dieses Mal mit der Schweinegrippe medial beschäftigt – habe ich mich entschieden, wieder Hühner zu halten.

Gemeinsam mit einem Freund und meinem Sohn habe ich an einem Wochenende den sicherlich schönsten Hühnerstall nördlich der Donau gebaut. Die Zufriedenheit nach zwei Tagen Arbeit war groß und es bereitete mir viel Freude, ein sichtbar gelungenes Resultat vor mir zu haben. Es war die Einfachheit des Tuns und das verspielte Gestalten, das mich so faszinierte. Am Sonntagabend war ich von der Arbeit zwar müde, aber dennoch nicht erschöpft. Eine Woche später bezogen die Hühner ihr neues Zuhause und ich staune, wie anhaltend meine Freude über den selbstgebauten Hühnerstall und natürlich auch über die Eier ist, die ich nun täglich »ernten« gehe.

Fünf Hennen und der stolze Hahn Caruso tun ihr Bestes. Zu meiner großen Irritation legen die Hühner jetzt im August plötzlich weniger Eier, aber ich lerne, auch ihnen ihren Rhythmus zuzugestehen. Mit kindischer Freude zeige ich all meinen Freunden und Gästen den Hühnerstall. Manche freuen sich mit mir und manche nehmen mein Federviehprojekt mit sichtbarer Verwirrung höflich zur Kenntnis.

Ich selbst bemerke, dass ich mich über fünf frisch gelegte Eier oft mehr freuen kann als über einen beklatschten Vortrag oder ein ausbezahltes Honorar. Meine Hühner helfen mir, täglich das Ernten zu üben und sie helfen mir auch in der Schule der Dankbarkeit. Tage, die ich in der Atmosphäre von Dankbarkeit beginne, verlaufen für mich ruhiger und schaffen Zufriedenheit. Tage, die mit Hektik, Druck oder Jammern beginnen, bringen noch mehr vom selben.

In einer Stimmung der Dankbarkeit durch die Welt zu gehen und zu sehen und zu würdigen, was da ist, was geschenkt ist, ist für mich viel hilfreicher. Es bedarf jedoch der Achtsamkeit, das zu sehen und zu erleben, wofür ich selbst dankbar sein kann. In meinem Fall hat mir mein Hühnerstall, neben all dem Schönen, das mich umgibt, zu dieser Stimmung verholfen.

Fast in jedem Patientengespräch sage ich: »Erzählen Sie mir, bei welcher Tätigkeit Sie wirklich abschalten und zufrieden sein können.« Ich staune oft, mit welcher Sicherheit und vielfachen Übereinstimmung Frauen davon sprechen, dass sie bei der Gartenarbeit, und Männer bei der Bewegung in der Natur so wirklich gut mit sich in Kontakt kommen. Die Natur, wenn wir sie wertschätzend und schonend pflegen, eröffnet uns Begegnungs- und Heilungsräume. Das Eintauchen in die Natur, der Kontakt zu Tieren können wertvolle Anker für Heilungsprozesse sein.

Ob Vogel- oder Schweinegrippe, meine Hühner gebe ich nicht mehr her! Sie sind für mich Lehrmeisterinnen in Sachen Dankbarkeit.

Ein Sonntagmorgen in Paleohora

Hans Wögerbauer

Meine Frau und ich genossen den Vormittag im Café Skala an der Schiffsanlegestelle von Paleohora in Südkreta. Dort waren wir in den letzten Tagen oft, um Kaffee zu trinken. Was uns immer wieder in dieses Lokal gehen ließ, war das fröhliche Team, bestehend aus drei Personen, zwei Männern und einer Frau, die das zumeist bis auf den letzten Platz gefüllte Lokal versorgten.

»Wie geht es euch?«, war die Begrüßung. »Danke, wunderbar, wie es einem halt gehen kann an diesem herrlichen Tag«, antwortete ich.

»Ja, hier ist es wirklich schön«, sagte der Kellner, »was kann ich euch denn bringen?« Meine Frau wollte einen Schwarzen Tee, ich einen Kaffee.

»Also ich würde dir einen Tee mit Bergkräutern empfehlen, Bergkräuter direkt hier aus der Umgebung. Du brauchst ihn auch nicht zu zuckern, er schmeckt süß. Wenn du willst, gib ein bisschen Honig dazu.« Meine Frau bestellte den Bergkräutertee, ich einen Cappuccino – dieses Mal mit Schlagsahne. Nicht gerade typisch griechisch, aber ich hatte einen »Gusto« darauf.

»Oh«, sagte der Kellner. »I bring your wife a tea with herbs from the mountains, and you a cappuccino with a mountain of cream. I feel it, you like mountains.« Wir lachten alle über diese spezielle »griechisch-englische« Konversation und ich bestellte noch ein Croissant zum Kaffee.

»Do you like a croissant with cheese or with chocolat?«, fragte er. Ich sagte: »No, just a croissant with nothing else.«

»Of course«, blödelte der Kellner weiter, »only natural, just right for the mountains.« Wir lachten, der junge Kellner hatte viel zu tun, doch bediente er auf die gleiche Art und Weise einen Tisch nach dem anderen. Fast überall ließ er fröhliche Gesichter zurück. Als er bei mir vorbeiging, fragte er im Gehen: »Und, schmeckt er gut, dein Bergkaffee?« Eine oberflächliche Unterhaltung, könnte man meinen, und doch so angenehm. Wir fühlten uns wohl, schauten auf den Platz vor dem Café, wo ein ständiges Kommen und Gehen war.

Viele Griechen kommen um 11 Uhr zum Frühstück. Ganze Gruppen von Freunden und Familien trafen sich hier. In jeder Altersgruppe, von Kleinkindern bis zu Großeltern. Von Weitem winkte ein Mann jemandem im Café zu: »Ela, ela – komm her, hier ist noch ein Platz frei.« Er kam, eine herzliche Umarmung, gegenseitig auf den Rücken klopfen, lachen, hinsetzen und reden und reden.

»Schau dir das an«, sagte ich zu meiner Frau. »Leben heißt einfach in Beziehung sein. Nicht mehr und nicht weniger. Bei so einer Begrüßung und so einem Willkommensein werden doch alle Selbstheilungskräfte im Körper aktiviert.«

»Und herrlich anzusehen ist es auch«, sagte meine Frau. »Ich genieße ebenfalls hier zu sitzen, nichts zu tun und all das zu erleben.« »Du tust mehr als du glaubst«, sagte ich. »Das ist volles Leben, und mehr kann es ja gar nicht mehr geben. Wir leben hier mit allen Sinnen.«

Vor uns saß ein 30-jähriger Vater mit zwei Kindern, einem 5-jährigen Mädchen und einem 3-jährigen Buben, an einem Hochtisch mit Barhockern. Die Kinder genossen die hohen Hocker. Als der Vater seinen Kaffee bekam, wollten beide Kinder den verlockend in rotem und goldenem Stanniol eingewickelten Keks haben, der bei seinem Kaffee mitserviert wurde, und begannen zu streiten. Meine Frau sah dies und gab dem Buben meinen Keks, den ich noch nicht ausgepackt hatte. Sofort kehrte Ruhe ein, der Vater zeigte seinem Kind, von wem er den Keks bekommen hatte. Der Kleine schaute zu mir her, ich winkte ihm, er lachte, winkte zurück und verspeiste genüsslich das Gebäck.

Das alles sind wirklich keine besonderen Erlebnisse, einfach kleine Alltagserlebnisse, und doch tun sie uns gut. Es entsteht so ein Gefühl von Wohlfühlen und Stimmigkeit, weil unser Leben eben auf Kommunikation und Beziehung aufgebaut ist. In diesen Stimmungen werden alle Heilungsvorgänge im Körper aktiviert. Der Puls wird langsamer, der Blutdruck sinkt ab, die Herzfrequenzvariabilität steigt an, weil wir emotional lebendig sind, weil Körper, Seele und Geist ausbalanciert sind. Die Wahrnehmungsfähigkeit steigt, die Muskeln entspannen sich, nicht nur die Rückenmuskulatur, sondern auch die gesamte mimische Muskulatur. Die Kreativität steigt, ein Wort ergibt das andere, wie bei unserem jungen Kellner. Wir werden lockerer, sprechen mit dem ganzen Körper, wie es so schön heißt. Stresshormone, wie zum Beispiel Cortisol, sinken in solchen Stimmungen ab.

Leben heißt in Beziehung sein, mit mir, mit dir, mit der ganzen Natur. Das Meer, die Berge, die Pinien, die Blumen, alles wird intensiver wahrgenommen. Der Duft des Cappuccinos genauso wie die Berührung meiner Frau.

»Ist es nicht schön hier?«, sagte sie und streckte sich genüsslich. Und als sie danach den Arm senkte, berührte sie meinen Hinterkopf und massierte ganz leicht meinen Nacken. »Es ist wirklich schön, mit dir hier zu sein«, bestätigte ich ihr das Gefühl.

Im selben Moment fiel mir eine ca. 60-jährige Frau auf, sehr zart, stark abgemagert, sie sah krank aus. Sie saß mit ihrem Mann und einem befreundeten Ehepaar ganz vorne in der ersten Reihe des Lokals. Mir fiel sie deshalb auf, weil sie mit beiden Händen ein Glas Bier zittrig zum Mund führte.

»Schau dir diese Frau an«, sagte ich. »Wir genießen hier das Leben und sie kämpft sichtlich seit vielen Jahren ums Überleben.« Die Frau war offensichtlich alkoholkrank und war, bedingt durch die Kontrolle der Freunde und die dadurch mangelnde Gelegenheit, an Alkohol zu kommen, sichtlich in ein beginnendes Delirium gerutscht. Jetzt sah ich, dass auch die beiden am Tisch sitzenden Männer, beide rotgesichtig und übergewichtig, ebenfalls jeder ein großes Bier tranken. Die andere Dame trank einen Orangensaft.

Die drei Personen unterhielten sich, lachten, prosteten sich zu, die kranke Frau dagegen saß isoliert, nahm am Gespräch nicht teil. Ihr Blick ging unruhig in eher kantigen Bewegungen durchs Lokal. Es war ein leerer Blick, sie schaute, aber nahm sichtlich nichts wahr. Die Kopfbewegungen waren eher fahrig. Uns tat diese Frau enorm leid, in diesem vom Leben überschäumenden Lokal. Sie rauchte sichtlich weniger, als sie Bedürfnis hatte, weil ihr das Anzünden der Zigaretten solche Schwierigkeiten bereitete. Mit Mühe gelang es ihr, mit beiden Händen das Feuerzeug zitternd zur Zigarette zu führen. Ein wirklich trauriger Anblick. Sie schien von den anderen dreien am Tisch nicht wahrgenommen zu werden, was aber keineswegs eine Schuldzuweisung von mir an ihre Tischgemeinschaft bedeuten soll.

Die Zeit verging, immer wieder schweifte mein Blick zu dieser Tischrunde. Jetzt schien für die kranke Frau der Alkohol seine wohl zerstörerische, aber in diesem Moment kurzfristig doch beruhigende Wirkung zu entfalten. Ihr Blick wurde etwas heller, sie konnte auch kurzfristig am Gespräch teilnehmen und war beim Trinken nicht mehr so zittrig.

Wenn wir aus der Beziehung fallen, aus der Beziehung zu uns selbst oder aus der Beziehung zu anderen, dann entstehen Angst und Unruhe und der Überlebenskampf beginnt. Hören wir nicht bei allen dramatischen Amokläufern, wie wir leider in immer kürzeren Abständen in den Medien erfahren, dass es sich um unauffällige Einzelgänger handelte, die nicht in Beziehung zu anderen standen?

Dann sehen wir, wie kürzlich in Deutschland geschehen, als ein 16-Jähriger seine Lehrer und Mitschüler erschossen hatte, auch dessen Kinderfotos in den Zeitungen. Da steht ein liebes, zehnjähriges Kind in Konfirmationskleidung mit Kerze in der Hand. Was ist denn hier passiert? Wann ist dieses Kind denn aus all seinen Beziehungen gefallen?

Ich denke in diesem Zusammenhang aber auch an Kinder in familiären Krisensituationen, wie zum Beispiel bei Scheidungen. Sorgen machen mir nicht jene Kinder, die deshalb den Arzt aufsuchen, weil sie mit dem Bettnässen beginnen, aggressiv werden oder nicht lernen wollen. Diese Kinder sind meist gesund, weil sie Energie haben und auf sich lautstark aufmerksam machen. Ich frage in solchen Situationen immer nach den Geschwistern, die nicht in die Praxis kommen, wie es denn denen ginge. Wenn ich höre, dass sie sehr still, sehr brav, eher überangepasst und zurückgezogen leben, dann läuten bei mir die Alarmglocken. In Beziehung sein heißt lachen, sich berühren, lieben, genauso wie streiten, traurig sein, aber auch wieder versöhnen und neue Pläne schmieden.

Was würde ich dieser Frau, die drei Reihen vor uns sitzt, so gerne wünschen? Jemand, der ihr die Zigarette anzündet, ihr »Ela, ela!« zuruft: »Komm her, bei uns ist noch ein Platz am Tisch, komm zu uns, so wie du bist.« Ich würde ihr einen Kellner wünschen, der ihr mit einem Scherz aus der Isolation hilft und jemanden, der ihr zuwinkt. Ihrem Mann würde ich die Kraft und Energie wünschen, sie am Hinterkopf zu berühren, ihr den Nacken zu streicheln und dass er ihr sagen könnte: »Ich bin froh, dass du da bist.« Vielleicht könnten in solch einer Atmosphäre ihre Selbstheilungskräfte beginnen zu wirken. Vielleicht würde während der Berührung ihr Blick heller werden und sie könnte das Meer sehen, die schönen Pinien und die Blumen um sich herum. Vielleicht könnte in ihr der Wunsch nach Heilung keimen, damit sie die notwendige Hilfe annehmen kann, die ihr sicher schon so oft angeboten wurde.

Dann könnte ein Wunder der Heilung geschehen und der jahrelange Überlebenskampf doch noch in Lebendigkeit münden. Was ich dieser Frau dann noch wünschen würde: Wieder hierher zu kommen in dieses Café Skala in Paleohora und mit dem Kellner über ihren Cappuccino zu blödeln. Ja, genau das!

Angst

*Ich spüre die Angst
und sie berührt mich*

*die Angst, das eben
erworbene Gleichgewicht*

*wieder zu verlieren
zu erstarren in der Funktion*

*die Angst, das richtige Maß
wieder zu verlieren*

*mich zu verselbständigen
ohne mich weiter zu verstehen*

*die Angst, Beziehung zu verlieren
zu mir – zu dir*

*getrieben von Gier und Maßlosigkeit
um dann ein Spielball zu werden
der getriebenen Treiber*

*ziellos – sinnlos
»effizient« zu sein.*

G.W.

Georg, der Meister kämpft nicht!

Georg Wögerbauer

Vor zehn Jahren haben wir, meine Kinder und ich, uns zum Taekwondo-Training angemeldet. Dieses Training – eine koreanische Kampfsportart – haben wir über viele Jahre mehr oder weniger regelmäßig besucht.

Das Training war für mich immer sehr fordernd. Ich war dort der Älteste, die meisten »Kämpfer« im Alter meiner Kinder oder junge Erwachsene. Bei diesem Kampfsport geht es vor allem um gute Dehnung und das Einstudieren von bestimmten Bewegungsabläufen für Verteidigung und Angriff, aber es geht auch um Schnelligkeit und Kraft. Bei all diesen Anforderungen waren mir meine drei Kinder spontan überlegen. Das hat sie natürlich besonders gefreut. Dazu kommt noch, dass bei diesem asiatischen Kampfsport Höflichkeit und Disziplin einen hohen Stellenwert haben. Wer immer höher graduiert ist, das heißt einen höheren Gurt trägt, ist gegenüber dem Niedergraduierten in einer Lehrerfunktion. Der Niedergraduierte ist Schüler und muss natürlich befolgen, was der Lehrer sagt. In meiner Taekwondo-Karriere war ich lange bei den Niedergraduierten, sprich Anfängern. Meine Kinder lernten schneller und wurden zu ihrer Freude schnell zu meinen Lehrern. Tae-kwon-do heißt »Fuß-Faust-Weg«, und wer den Weg als Taekwondo-Schüler beschreitet, muss ihn auch weitergehen, das heißt lernen und Prüfungen machen.

Ich hatte mich damit abgefunden, Schüler zu sein und meinen Lehrern zu folgen, und als Prüfungsneurotiker habe ich ganz klar definiert, dass ich keine Prüfungen machen will. Ich wollte, auf der niedrigsten Stufe bleibend, mich mit dem gelben Gurt auf Dauer zufrieden geben. Das ist jedoch gegen die »Wegphilosophie« und deshalb hat mich unser Trainer für die Blaugurtprüfung angemeldet.

Sofort wurde meine mir nur zu gut bekannte Prüfungsneurose – »Angst, zu versagen« – aktiviert und ich habe begonnen, verbissen zu trainieren. Das Debakel nahm seinen Lauf, denn ein verbissener Taekwondo-Kämpfer hat schon verloren, noch bevor er richtig begonnen hat.

Ich habe die Theorie gelernt und mir heimlich einen Taekwondo-Nachhilfelehrer geleistet, der mit mir geduldig die Bewegungsabläufe einstudierte. Meine Kinder haben dies alles völlig unbelastet gelernt und waren im Training immer besser als ich. Bald habe ich begriffen, dass ich ohne tägliches Üben die Prüfung niemals schaffen würde.

So kam der Tag der Prüfung immer näher und mit jedem Tag wuchs auch meine Anspannung. Wann immer ich angestrengt ins Training kam, machte ich Fehler. Gleichzeitig sah ich, wie leicht meine Kinder die Übungsabläufe absolvierten. Ich kam in mein altes Muster, begann mich zu vergleichen, die Anstrengung wurde mehr und der Erfolg natürlich immer weniger.

Ich erinnere mich genau an den Tag meiner ersten Taekwondo-Prüfung: »Warum tu ich mir das alles an?«, war mein erster

Gedanke beim Betreten des überfüllten Turnsaales. Da saßen alle Eltern und Großeltern, um ihren Kindern bei der Prüfung zuzuschauen, und ich hatte das Vergnügen, vor ihnen meine Prüfung abzulegen. Als Kind war ich acht Jahre in einem Gymnasium, in dem Nichtkönnen meist mit Bloßstellung geahndet wurde. Was man gut geübt hat, das kann man auch noch nach über 30 Jahren rasch reaktivieren. So auch ich meine Prüfungsneurose!

Zuerst wurden meine Kinder geprüft. Sie machten, was zu tun war, mit viel Vergnügen und Leichtigkeit. Ich freute mich, ihnen zuzusehen, und war als Vater sehr stolz, als sie der Meister gleich einen Gurt überspringen ließ, weil sie ihre Sache so gut machten.

Da ich der Älteste war, kam ich auch als Letzter an die Reihe. Aufstellung – Verbeugung – und schon erlebte ich mich wieder zu 100 Prozent in einer mir vertrauten Prüfungssituation. »Warum holt mich diese Prüfungsangst immer wieder ein?«, war noch mein verzweifelter Gedanke, während ich aufgeregt und angestrengt, so gut ich konnte, alles vorführte. Im Medizinstudium musste ich ja viele Prüfungen bestehen, und so habe ich mir eine Prüfungsroutine erworben. Deshalb habe ich den Meister gleich beim Betreten des Turnsaales gemustert und habe gesehen, dass er schon einen Bauch hatte. Dann hab ich mir gedacht, dass er mit seiner Bundfaltenhose und dem gemütlichen Bauch mir schon nicht so gefährlich werden könne! Aber jetzt war ich mitten drinnen in der Prüfungssituation. Voll angestrengt, schweißtriefend vollführte ich die für mich komplizierten Bewegungsabläufe.

»Falsch«, rief er plötzlich, und wie ein Déjà vu wähnte ich mich vor meinem Lateinlehrer, der mit seinem unpädagogischen »Falsch« für mich wie ein zweiter »Gott Kupfer« aus dem »Schüler Gerber« war. Dieses »Falsch« hatte wieder einmal gereicht, mich aus dem Konzept zu bringen. Hilflos stand ich damals im Turnsaal, knapp 40 Jahre alt, und der Meister hat mich »ertappt«. Der Lernende hat einen Fehler gemacht. Ich wurde jedoch in meinem Gymnasium acht Jahre lang trainiert, dass Fehler nicht sein dürfen und Schwächen keinen Platz haben.

Auch mein zweiter Versuch wurde mit einem für mich so entmutigenden »Falsch« abgebrochen. In dieser Situation hat mein Sohn Nikolaus als Erster und am besten erkannt, was in mir vorging. Mit seinen Augen hat er mir Mut gemacht und mir von der Zuschauerbank aus die richtige Bewegung vorgezeigt. Diese liebevolle Hilfestellung meines Sohnes hat mir wieder Mut gemacht, hat mich wieder in Kontakt mit mir gebracht und mich vom Überleben wieder ins Leben zurückgeführt. Mit seiner Hilfe konnte ich die Übung gut absolvieren. Schließlich war mein Auftritt zu Ende. Ich war fertig – im wahrsten Sinne des Wortes. Ich verbeugte mich zum Abschluss vor dem Meister. Da ich der Älteste war, stand er auf, ging auf mich zu, reichte mir die Hand und gratulierte mir zur bestandenen Prüfung. »Für dein Alter gar nicht so schlecht«, sagte er, »du bekommst den blauen Gurt.« Dann stellte er sich ganz knapp vor mich hin. Er war einen guten Kopf kleiner und mit einer leichten, blitzschnellen Bewegung, ohne jedes Anzeichen von Anstrengung, schnellte sein Bein – samt Bundfaltenhose – in die Höhe, berührte mit einem kleinen Klaps meinen Scheitel, sodass ich erst gar nicht dazu kam abzuwehren, und schon stand er wieder ganz entspannt lächelnd vor mir.

»Wenn du Meister werden willst, Georg«, sagte er, »dann musst du aufhören zu kämpfen!«

… sprach's und setzte sich seelenruhig nieder.

Das Wichtigste, was ich in meiner bescheidenen Taekwondo-Laufbahn gelernt habe, ist dieser Satz, und der gilt natürlich nicht nur für Taekwondo.

Natürlich sind wir geschaffen, uns in herausfordernden Situationen anzustrengen, uns zu plagen, und immer wieder gibt es Momente im Leben, wo wir auch kämpfen müssen. Wenn wir aber ständig in der Anstrengung bleiben, dann verlieren wir das Spielerische und unsere Kreativität. Je angestrengter ich Fehler verhindern will, umso mehr passieren sie mir.

Neurobiologisch wurde nachgewiesen, dass durch den Angst- und Kampfmodus unsere gesamte Wahrnehmung reduziert wird. Der Körper schaltet auf Überlebensmuster. In dieser Situation ist eine ganz bestimmte Hirnregion aktiviert, die unser Überleben schützen soll, aber nicht geeignet ist, kreativ Neues zu erlernen.

Ich gehe noch immer in Taekwondo. Ich mache auch hin und wieder eine Prüfung, aber kämpfen will ich nicht mehr. Ich weiß, wenn es gefordert ist, dann kann ich es und kann es auch abrufen. Vor allem aber erlaube ich mir heute mehr als damals, Fehler zu machen. Fehler, die passieren, weil ich müde oder unkonzentriert bin oder einfach zu wenig Zeit hatte, um zu üben. Ich kann nicht mehr geben als ich habe, und wenn ich mehr geben will als ich kann, bin ich auf dem Weg ins Burnout. In dieser Situation täusche ich ja die anderen und verliere an Authentizität.

Wenn ich einen Vortrag halte und ich beginne mich zu plagen, zu kämpfen, dann weiß ich, dass ich am sichersten Weg bin, den Kontakt zu den Zuhörern und zu mir zu verlieren. Wenn ich in einem fordernden Patientengespräch Anstrengung aufkommen lasse, dann reißt der Kontakt ab, dann reduziert sich meine Wahrnehmungsfähigkeit und mein Körper, der nicht lügen kann, signalisiert den mir so bekannten »Kampfmodus«. In solchen

Momenten habe ich dann die Augen meines Sohnes Niko vor mir, die mir sagen: »Es ist gut so, du musst nicht kämpfen!«

In meiner Schule

wurden nur Sieger geehrt
die Besten
die Ersten
die Schnellsten
die Kreativsten
die Musischsten
die Tüchtigsten

Sie wurden
gefordert
gefördert
geehrt
gelobt

In meiner Schule

waren die
Mittelmäßigen
mäßig
das Maßvolle
die Mäßigkeit
das Befriedigende
war kein Grund
für Zufriedenheit

in meiner Schule

G.W.

Mario hat seine Fährte gelegt

Hans Wögerbauer

Eben erreicht mich der Anruf, dass Mario, ein 48-jähriger Mann, im Sterben liegt. Diese Nachricht macht mich sehr traurig, weil mich mit Mario viel verbindet und weil ich nicht nur mit ihm, sondern auch mit seiner Frau und seinen zwei Kindern im Alter von 14 und 17 Jahren sehr mitfühle.

Ich erinnere mich genau, als er das erste Mal vor ca. drei Jahren zu mir kam. Ein gut aussehender, sympathischer und erfolgreicher Mann mit einer lieben Familie. Im Hereingehen sagte er zu mir: »Sie haben ein wunderschönes Haus, da fühlt man sich gleich wohl.« Ich freute mich über das Kompliment und seine kommunikative Art. Er setzte sich bequem hin, legte Handy, Autoschlüssel und Geldbörse auf den Schreibtisch, verschränkte seine Hände hinter dem Kopf und streckte sich.

»Wobei kann ich Ihnen denn helfen?«, war meine Frage.

»Ich hoffe, gar nicht«, war seine Antwort und er lachte. »Ich komme eigentlich nur wegen einer Vorsorgeuntersuchung zu Ihnen. Ich werde bald 45 und ich glaube, da ist es sinnvoll, so etwas zu machen. Im Großen und Ganzen fühle ich mich sehr wohl und möchte auch, dass es so bleibt.« Mario blickte auf die Uhr: »Schaffen wir's in einer halben Stunde? Ich muss dann nämlich weg.«

»Was sollen wir denn in einer halben Stunde schaffen?«, fragte ich etwas provozierend.

»Die Vorsorgeuntersuchung, was immer das auch ist«, sagte er jetzt allerdings mit einem leicht gereizten Unterton.

»Mario«, fragte ich ihn, »wenn Sie sich etwas wünschen könnten, was wäre das, was Sie heute in einem Jahr gerne erreichen würden?«

»Hat das etwas mit der Vorsorgeuntersuchung zu tun?«, fragte er, mit einem deutlichen Blick auf seine Uhr.

»Ich denke schon«, antwortete ich, »denn eine Vorsorgeuntersuchung kann so aussehen, dass Sie durchgecheckt werden, ob Blutzucker, Cholesterin oder Blutdruck in Ordnung sind, oder aber auch ein Stärken-Schwächen-Profil: Wo stehe ich gerade körperlich und seelisch? Wo geht es mir gut, wo weniger und wo habe ich vielleicht ererbte oder erworbene Risikofaktoren und was könnte ich tun, um mich in den nächsten zwölf Monaten weiter in Richtung Gesundheit, Lebendigkeit und Stimmigkeit zu entwickeln?«

»Also, lebendig fühle ich mich sehr«, lachte Mario mit einer etwas zynisch verengten Oberlippe. »Nein, Spaß beiseite«, setzte er fort, »ich will eigentlich nur wissen, ob ich gesund bin oder nicht. Denn eigentlich geht es mir sehr gut. Ich bin im Beruf erfolgreich, habe mehr erreicht, als ich mir erträumt hatte. O. k., ich bin halt viel auf Reisen, oft ein bis zwei Wochen ohne Unterbrechung in Fernost, aber sonst geht es mir gut. Ich habe eine liebe Frau, die Beziehung passt, zwei tüchtige Kinder, die in der Schule erfolgreich sind. Es passt eigentlich!«

»Gibt es irgendetwas, was Sie gerne verbessern oder ändern würden?«, fragte ich weiter. Jetzt wurde Mario etwas nachdenklich. Die Hände wieder hinter dem Kopf verschränkt schaute er hinauf zur Zimmerdecke. »Wenn Sie mich so fragen, dann hätte ich doch einen Wunsch, genau genommen sind es zwei Wünsche«, korrigierte er sich selbst. »Seit zwei Jahren schlafe ich zunehmend schlechter, anfänglich habe ich das auf die viele Fliegerei zurückgeführt, aber jetzt glaube ich das deshalb nicht mehr, weil ich auch im Urlaub nicht besser schlafen kann. Außerdem bin ich in letzter Zeit oft schwindelig und habe Kopfschmerzen. Mein Physiotherapeut meint aber, das kommt alles von der Wirbelsäule, da ich ja durch die Computerarbeit und das Autofahren sehr belastet bin.«

Ich versprach Mario, ihn zu untersuchen, gab ihm den Anamnesebogen mit, den er zu Hause ausfüllen sollte, und bat ihn, durch acht Tage ein Tagebuch zu führen, wann er in der Früh aufsteht, was er den ganzen Tag und wann isst, trinkt, wie viel Bewegung er macht, wie viele Freiräume er hat und um wie viel Uhr er abends ins Bett geht. Mario hatte sich seine Vorsorgeuntersuchung vielleicht etwas anders vorgestellt, willigte aber ein, alles so zu machen, wie ich es ihm empfohlen hatte.

Als ich ihm den Anamnesebogen überreichte, fragte ich ihn noch, wie es ihm denn mit seiner Frau und den Kindern geht. »Eigentlich sehr gut«, sagt er, »schade ist nur, dass ich sie so wenig sehe, denn – ich sehe sie ja in Wirklichkeit nur zwei- bis dreimal pro Monat. Meine Frau ist wenigstens am Wochenende zu Hause, aber Sie wissen ja, die Kids sind meistens weg am Abend und schlafen dann bis zu Mittag. Ich hoffe, es kommt noch eine Zeit, in der ich sie öfter sehen kann.«

»Sie haben Ihre Kinder sehr gern, stimmt's?«, fragte ich weiter. Jetzt veränderte Mario die Körperhaltung. Die Beine gegrätscht, den Oberkörper nach vorne gebeugt, stützt er sich mit den Armen am Oberschenkel auf und schaut auf den Boden. »Ich weiß

nicht, wie es Ihnen geht, Herr Doktor«, sagte er. »Die Zeit vergeht mir zu schnell. Vielleicht dadurch, dass ich so viel im Ausland und oft nur zweimal im Monat zu Hause bin. Kaum ist Weihnachten, ist schon wieder Ostern, Sommerurlaub im Club und auch schon wieder Herbst und Weihnachten.«
»Dabei würden Sie mit Ihrer Familie, speziell mit Ihren Kindern, gerne mehr erleben?«, fragte ich Mario. »Sie treffen es genau«, sagte er. »Mein Beruf nimmt mir schon sehr viel vom Leben.«
»Das, was Sie eben gesagt haben, macht mich sehr betroffen«, war meine Antwort. »Jetzt kann ich mir auch vorstellen, was eine gelungene Vorsorgeuntersuchung neben Blutdruck-, Zucker- und Cholesterinkontrolle bei Ihnen bringen könnte.« »Und das wäre?«, fragte Mario und schaute mich mit großen, wachen Augen an. »Dass Sie wieder besser schlafen können, weniger Kopfschmerzen und Schwindel haben, aber als wichtigsten Auftrag sehe ich den dringlichen Wunsch von Ihnen, dass Sie mehr Zeit mit Ihrer Familie verbringen wollen.«

Die Zeit war um. Mario erreichte pünktlich seinen nächsten Termin. In den nächsten Monaten entwickelte sich eine spannende und schöne Arbeit mit ihm. Als er mir beim nächsten Termin den ausgefüllten Anamnesebogen zurückbrachte, erzählte er, wie sehr ihn das Erstgespräch bewegt hatte. Er hatte zur Freude seiner Frau beschlossen, seine Arbeitsstruktur so zu verändern, dass sie mehr gemeinsame Zeit verbringen konnten. Er hatte auch mit den beiden Kindern gesprochen, dass er mehr Zeit mit ihnen verbringen möchte, und dass sie, wenn möglich, am Wochenende alle gemeinsam etwas unternehmen könnten. Zu seiner Verwunderung, so formulierte es Mario lachend, hatten beide Kinder zugesagt und die Freundin des älteren Sohnes wollte auch mitkommen. Sie machten Radausflüge, gingen auf Festivals, Konzerte, und hatten auch schöne Abende zu Hause. Die wenige Zeit, die sie zur Verfügung hatten, nutzten sie jetzt intensiver.

Die Durchuntersuchung nahm ihren Lauf. Die klinische Untersuchung war, außer einem grenzwertig hohen Blutdruck und einer Fehlhaltung der Halswirbelsäule, unauffällig. Das Wirbelsäulenröntgen, die Ergometrie und andere Untersuchungen waren ebenfalls in Ordnung. Nur die Art der Kopfschmerzen und die geschilderten Schwindelzustände ließen mich Mario einem Neurologen zuweisen, der eine MRT (Magnetresonanztomografie) des Kopfes machen ließ, wobei ein bösartiger Gehirntumor diagnostiziert wurde.

Sofort nach Bekanntwerden des Untersuchungsergebnisses kam Mario gemeinsam mit seiner Frau zu mir. Die Stimmung war natürlich entsprechend traurig und alle drei waren wir niedergeschlagen und betroffen. Wir sprachen über Behandlungsmöglichkeiten. Was er denn sonst noch tun könne, dass er den Heilungsverlauf unterstützen könne, fragte er mich.

»Ich glaube, vorerst ist es wichtig, die beste schulmedizinische Behandlung zu bekommen, die möglich ist, danach können wir auch ergänzende Therapiemöglichkeiten besprechen. Vor allem aber wird die Heilung dadurch unterstützt, dass Sie so leben, wie es nur für Sie, Mario, typisch ist.«

Aus dieser Empfehlung entwickelte sich ein intensives Gespräch. Ich wurde von meiner Frau mehrmals erinnert, dass die geplante Behandlungszeit längst überschritten sei und der nächste Patient bereits warte.

Mario wurde ganz ruhig. Seine Frau hielt seine Hand und er sagte fast feierlich: »Am besten erhole ich mich zu Hause bei meiner Familie.« »Wobei wir wieder bei unserem ersten Gespräch wären«, setzte ich fort. »Damals hatten Sie schon formuliert, was Ihnen am meisten fehlt, und jetzt in der Zeit des Krankenstandes können Sie sich das alles holen. Und gleichzeitig geben Sie Ihrer Frau und den Kindern genau das, was auch sie so dringend benötigen, nämlich ein gemeinsames Leben.«

»Dann gehen wir's halt an«, sagte er.

Mario wurde operiert. Er bekam anstrengende Folgebehandlungen. Anfangs sah alles gut aus. Es folgten gute Monate und Jahre. Beruflich musste er komplett in den Innendienst wechseln, weil ihn das Reisen, vor allem die Flüge, zu sehr belastete. Mario kam ziemlich regelmäßig alle vier Wochen zur Sitzung. Dabei behandelte ich anfallende Infekte oder sonstige Beschwerden, unterstützte den Therapieverlauf mit naturheilkundlich ergänzenden Medikamenten sowie Vitaminen und Spurenelementen. Vor allem aber entwickelte sich eine spannende Gesprächstherapie und ich staunte über Mario immer mehr. Er wurde immer feinfühliger und spürte sich selbst und sein Umfeld immer besser.

Irgendwann wurden wir per Du. Die Gespräche wurden vertrauter und drehten sich immer mehr um seine Frau und seine beiden Kinder. Es war vor sechs Monaten, als er mit dem neuen MRT-Befund kam, der leider viele verstreut liegende Herde im gesamten Gehirn zeigte.

»Ich glaube, das wird nichts mehr«, sagte er zu mir traurig. »Was würdest du denn an meiner Stelle tun?«, fragte er mich.

»Das ist schwer zu sagen«, antwortete ich betroffen. »Die weiteren Behandlungsschritte müssen die Fachärzte entwerfen. Ich würde dich gerne weiter begleiten. Du kannst jederzeit gerne kommen, wenn du mich brauchst.«

»Glaubst du, dass ich das überlebe?«, fragte er mich.

»Was denkst du selbst?«, fragte ich Mario.

»Ich glaube, ich schaff das nicht mehr und ich habe Angst, wie es weitergeht.«

»Also, wenn es um Angst geht«, setzte ich fort und versuchte das nicht mehr zu vermeidende Wort »Sterben« noch einmal hinauszuschieben, »da kann ich dir versichern, dass ich alles in meiner Möglichkeit stehende unternehmen werde, um dir zu helfen. Wenn wir heute auch gewisse Krankheiten noch nicht heilen können, so können wir eines wirklich gut: nämlich Angst und Schmerzen nehmen! Mario, egal was auch kommen mag, sag mir, wenn du Angst oder Schmerzen hast.«

»Und wie ist das mit dem Sterben?«, fragte er zögerlich nach.

»In meinen 25 Jahren habe ich schon viele Menschen beim Sterben begleiten dürfen. Mit jedem weiteren Patienten bekomme ich selbst weniger Angst vor meinem eigenen Tod. Ich weiß zwar nicht, wie ich mich verhalten werde, wenn Sterben auch für mich konkret wird. Aber die Menschen, die ich begleitet habe, sind ruhig hinübergeschlafen.«

Mario hörte mir konzentriert, aber ruhig zu. Seine Haltung und Konzentration signalisierten mir, dass er noch mehr erfahren möchte. Auch meine eigene Verkrampftheit löste sich, ich wurde ruhiger und setzte fort: »Vor Kurzem habe ich ein Buch von Henning Mankell[1] gelesen, in dem er über die vielen Frauen schrieb, die in Afrika an Aids erkrankt sind und wissen, dass sie bald sterben werden, und kleine, oft einjährige und manchmal noch kleinere Kinder zurücklassen müssen.«

Ich fragte Mario, ob ich weitersprechen soll oder ob ihn dieses Thema zu sehr belastet. Er bat mich weiterzusprechen und sagte,

---

1 Henning Mankell: Ich sterbe, aber die Erinnerung lebt. Paul Zsolnay Verlag 2004.

dass er glücklich sei, endlich darüber sprechen zu können, was ihn schon seit Langem belastet. »Diese Mütter«, setzte ich fort, »schrieben Tagebücher für ihre Kinder, damit sie später, wenn sie groß sind, erfahren können, wer ihre Mütter waren und was sie ihren Kindern so sehr gewünscht hatten. Aber eine Stelle, Mario, hat mich in diesem Buch besonders beschäftigt. Was heißt beschäftigt? Es hat mich anfangs sehr belastet, aber heute beruhigt es mich sogar.«

»Was war denn das, Hans, was dich anfangs so beunruhigt hat?«, fragte mich Mario.

Henning Mankell schrieb, dass wir uns maximal drei oder vier Generationen an unsere Verwandten zurückerinnern können. Dann kann sich an uns niemand mehr erinnern. Er fragt in diesem Buch auch den Leser, ob er sich denn an seinen Urgroßvater bzw. Ururgroßvater erinnern könne. Was aber bleibt, und das ist unsterblich, ist das, was wir an Beziehung in unsere Partner, Kinder, Eltern und alle Menschen, denen wir begegnet sind, »hineingeliebt« haben. Alles Materielle ist vergänglich. Alles, was wir gekauft oder gebaut haben, ist nicht mehr vorhanden, aber das, was wir an Beziehungen gelebt haben, wird von Generation zu Generation weitergegeben. »Seit damals«, so sprach ich weiter, »lebe ich bewusster. Ich stelle mir öfter die Frage, für wen möchte ich Gefährte sein, damit er, wenn er wolle, vielleicht ein Stück seines Lebens in meinen Fußstapfen geht, um dann seinen eigenen Weg zu finden.«

Gefährte zu sein bedeutet auch, eine Fährte zu legen.

»Erinnerst du dich an unsere erste Begegnung«, fragte mich Mario, »als ich das Bedürfnis verspürte, mehr mit meiner Familie und den Kinder zusammen zu sein? Glaubst du, dass ich das unbewusst nur gespürt habe, weil mein Leben wegen der bereits vorhandenen Erkrankung begrenzt war, oder kam der Wunsch unabhängig davon?«

»Ich glaube, das kann dir niemand beantworten«, sagte ich, »aber in den letzten zweieinhalb Jahren hast du so viel mit deiner Familie erlebt und wirst trotz deiner Erkrankung noch sehr viel Gutes erleben, da bin ich mir sicher!«

Mario lehnte sich zurück und sagte zu mir mit einem wirklich befreienden Lachen: »Ein bisschen Zeit brauch ich noch, ich muss den Meinigen noch eine Fährte legen!«

Sechs Monate sind seit diesem Gespräch vergangen. Mario hat diese Zeit genutzt und wurde in dieser Phase auch in gewisser Weise immer mehr zu meinem Lehrmeister. Er legte seine Fährte in bewundernswerter Weise und ich glaube, auch wenn er jetzt gehen muss, weiß seine Familie, wo es lang geht. Und auch danach wird er für seine Familie da sein, sie können ihn immer fragen, was zu tun ist.

Mario ist eine Woche, nachdem ich dies geschrieben habe, meines Erachtens als »geheilter« Mann gestorben. Natürlich viel zu zeitig! Wie schön wäre es, könnte er noch leben. Ich selbst vermute, dass er sehr wohl unbewusst gespürt hatte, als er zu mir zur Vorsorgeuntersuchung gekommen war, dass etwas nicht stimmt. Der Moment aber, als Heilung begonnen hat, war gleich in der ersten Begegnung, als ich ihm den Anamnesebogen überreichte und er sich auf die Frage einließ, wie es ihm denn mit seiner Frau und seinen beiden Kindern ginge. Da sprang der Funke über. Ab diesem Zeitpunkt war er nicht mehr der raschlebige Erfolgsmensch, der seine Vorsorgeuntersuchung möglichst schnell mit Blutabnahme und EKG beenden wollte. Ab diesem Zeitpunkt konnte er jene Ressourcen mobilisieren, die es ihm ermöglicht haben, trotz schwerstem, nicht heilbarem Leiden ein gutes, erfülltes und sinnvolles Leben zu führen, bis zu seinem Tod – und darüber hinaus, denn seine gelebte Lebendigkeit bleibt und seine Fährte ist gelegt!

Lebensspuren

Was bleibt
ist das Geliebte

hineingeliebt in dich
herausgeliebt aus mir
gesundgeliebt in uns

in Liebe Geheiltes
in Liebe Gelebtes
in Liebe Gelassenes

Spuren des Lebens
die immer bleiben
lesbar – lebbar
wertvolle Haltegriffe
Wegweiser für
ein Leben in Liebe

G.W.

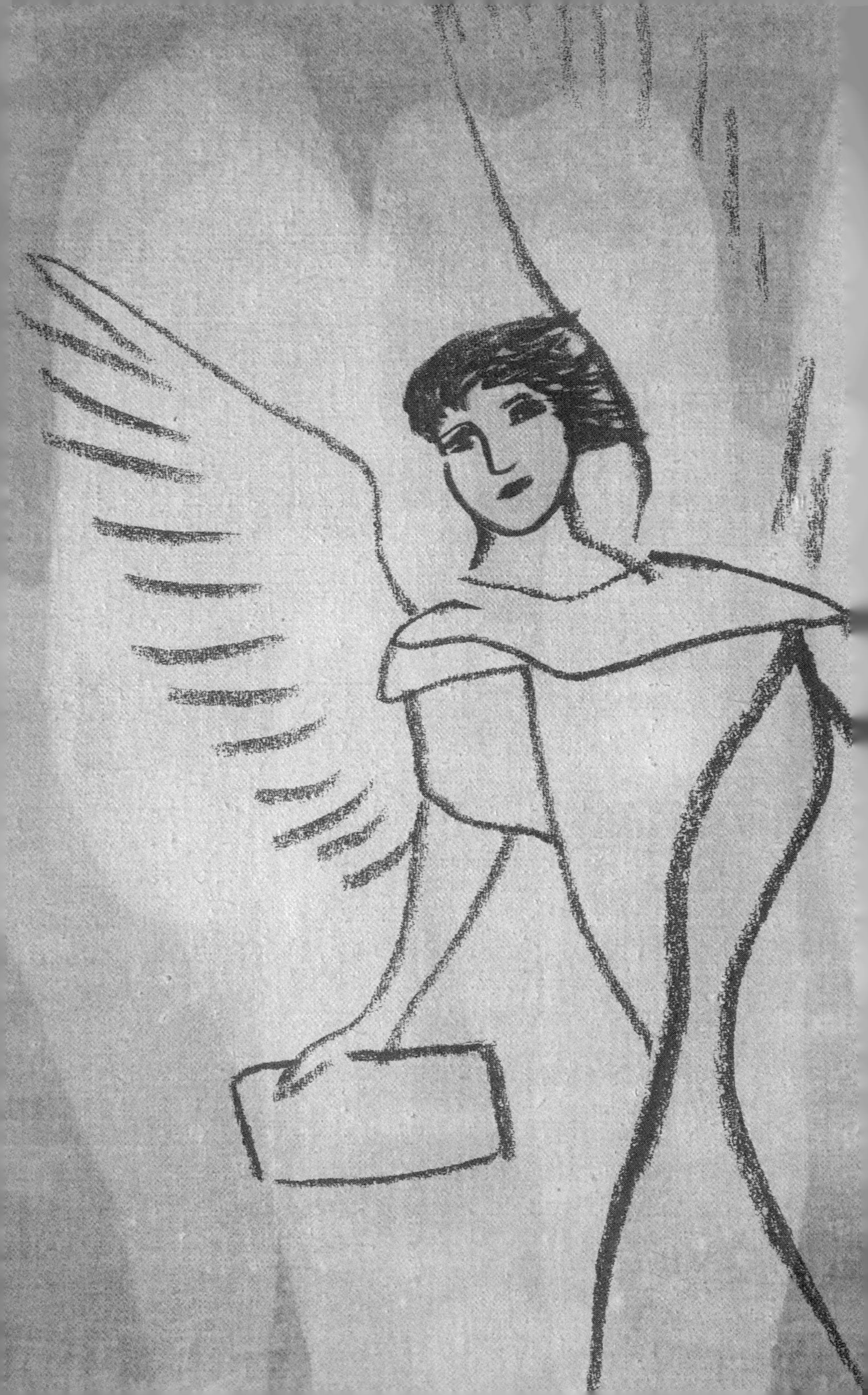

Der steinerne Engel vom Kloster Pernegg

GEORG WÖGERBAUER

Vielleicht steht er schon 800 Jahre, der arme Kerl, gleich beim Eingang ins alte Klostergebäude. Da steht er, der steinerne Engel links vom Treppenaufgang in Lebensgröße. Er steht so auffällig mitten in der Eingangshalle des alten Klosters, dass ich ihn, obwohl er mich nicht sonderlich fasziniert, ganz einfach nicht übersehen kann, wenn ich mehrmals am Tag an ihm vorbeigehe. Die Körperhaltung des steinernen Engels ist eigenartig verdreht. Die Stellung von Kopf und Hals ist so verrenkt, dass ich als Mediziner unweigerlich an einen *Torticollis spasticus*, auf Deutsch: Hexenschuss, oder verkrampften Schiefhals denke. Da es in einem katholischen Kloster aber keine Hexen geben darf, denke ich natürlich zuerst an Zweiteres. Immer wieder an dem versteinerten Engel vorbeigehend, frage ich mich, warum die Engel und Heiligen in den katholischen Sakralräumen meistens irgendwie verdreht in den Himmel schauen, nur um ja nicht mit dem irdischen Betrachter in Kontakt kommen zu müssen, als ob das Heilige erst im Himmel zu entdecken wäre und nicht im Zwischenraum einer liebevollen Begegnung von Menschen.

Diese Zeilen schreibend, bin ich mir nicht so sicher, ob der arme Engel nicht doch einen Hexenschuss bekommen hat, entweder von der kalten Feuchtigkeit der Gänge oder es hat sich doch einmal eine Hexe in das Kloster verirrt. Immerhin war das Kloster Pernegg doch über 400 Jahre ein Frauenkloster.

Jedenfalls hätte das steinerne Engelwesen im Kloster Pernegg von mir längst keine Beachtung mehr erhalten, hätte es nicht eine Tafel in der Hand mit einem lateinischen Spruch, der jeder Besucherin, jedem Besucher des Klosters gilt!

Ich erinnere mich an den Tag, als ich wieder einmal müde, zu spät und einigermaßen abgehetzt in meine Praxis eilte und mir beim Eingang der »Schiefhalsengel«, wie ich ihn mittlerweile liebevoll nenne, seinen lateinischen Spruch so entgegenhielt, dass ich nicht umhin konnte, mir die Zeit zu nehmen, ihn zu lesen und in Ruhe zu übersetzen:

PAX INTRANTIBUS
ET SALUS
EXEUNTIBUS

steht da in großen Buchstaben geschrieben. Es heißt: Friede den Eintretenden und Gesundsein bzw. Heilsein den Fortgehenden.

Da habe ich erstmals Sympathie aufgebaut zu diesem steinernen Boten. Diese Botschaft ist bei mir angekommen. Ich habe spontan mein Tempo reduziert und den Spruch des Engels in mir aufnehmend, konnte ich auch ruhiger und tatsächlich ein Stück gelassener werden.

Wie oft haben mir schon Patienten gesagt, dass ihnen der lange Weg zur Praxis zu Fuß so guttue, dass sie schon am Weg ins Kloster ruhiger und gelassener würden und irgendwie achtsamer gestimmt in der Therapiesitzung ankämen.

Der steinerne Engel leistet wertvolle Arbeit, auch wenn viele den Spruch, seine Botschaft, nicht lesen, nehmen sie doch die Nachricht wahr. Ich bezeichne diesen Schiefhalsengel von Pernegg als meinen Co-Therapeuten. Er steht da für die vielen Menschen, die seit Jahrhunderten an diesem Ort leben, beten, meditieren und sich grundsätzlich mit Fragen des Lebens beschäftigen.

PAX INTRANTIBUS – ein schöner Wunsch für alle Menschen, ein schöner Willkommensgruß. Ich wünsch dir Friede, ich wünsch dir Zufriedenheiten. Ich musste schmunzeln, als ich den Friedensgruß von Pernegg das erste Mal wahrnahm, denn seit 20 Jahren beginne ich konsequent jedes ärztliche Gespräch mit der Aufforderung: »Erzählen Sie mir bitte, was Sie in Ihrer jetzigen Lebenssituation zufrieden macht.«

Es braucht Frieden, um zu heilen! Es braucht Zufriedenheiten, um zu wachsen. Salam alaikum, der Friede sei mit dir, ist eine der schönsten und heilsamsten Grußformen, die ich kenne.

PAX INTRANTIBUS ist ein Wunsch, den inneren Frieden zu finden, alte Konflikte lösen zu können, um in einen Zustand zu gelangen, den viele Menschen auch mit »Harmonie« beschreiben. Im Augenblick zufrieden sein können! Auf dieser Basis aufbauend können wir heilen, können wir gesunden und SALUS – Heilung – erfahren.

SALUS, nicht im Sinne eines oberflächlichen Gesundheitsbegriffes, wie er heute von Schulmedizin und Wellness-Industrie transportiert wird, sondern Salus im Sinne von ganzheitlichem Gesundsein oder Heilsein, im Sinne auch von heilsam sein in heilenden Beziehungen. Denn dort und nicht nur in Arztpraxen oder Krankenhäusern, sondern vor allem in gelebten Beziehungen ist Heilung möglich und kann täglich geschehen.

Gerne würde ich dem Menschen begegnen, dessen Hände diesen Spruch in die steinerne Tafel des Pernegger Engels gemeißelt haben. Ich würde mich mit ihm auch über seine Zufriedenheiten austauschen und ihm sagen, wie dankbar ich für seine lebensspendende Botschaft bin, die durch seinen steinernen Engel seit vielen Jahren überbracht wird. Ich wünsche, es mögen noch viele Hundert Jahre lang Menschen an diesem Engel im Kloster Pernegg vorbeigehen, um Einkehr zu halten, zu fasten, um eine neue Standortbestimmung für ihr Leben zu machen oder sich andere Hilfestellung zu holen.

SALUS EXEUNTIBUS heißt »Heilsein« für jene, die hinausgehen, die diesen Ort verlassen, hoffentlich gestärkt, wissend um ihr Potenzial, täglich ihr »Heilsein« gestalten zu können.

Ich bin mir sicher, dass Menschen, die wirklich Frieden und Zufriedenheit erfahren, so heil werden können, dass sie fliegen können wie echte Engel und für andere heilsam werden.

… und wir brauchen viele Engel!

Langsam

*lerne ich
mir und anderen
mehr Zeit zu geben.*

Langsam

*erlebe ich
mich
und dich – anders.*

Langsam

*darf Neues
entstehen
ohne Druck.*

Langsam

*begegne ich
wertschätzend
berühre
und*

*entdecke
die Langsamkeit.*

G.W.

Wenn wir furchtbar reagieren, ist etwas Furchtbares passiert

Hans Wögerbauer

Letztes Jahr hatte ich ein einschneidendes Erlebnis. Dieses half mir, meine eigenen Reaktionsweisen, aber auch die anderer Menschen, besser zu verstehen. Dieses Erlebnis hat mich lange Zeit bewegt und bewegt mich noch heute, wenn Menschen in der Behandlungs- oder Therapiesitzung über furchtbare Ausbrüche bei sich selbst oder bei anderen berichten. Eine Lehrerin, ausgebildet in Logopädagogik nach Viktor Frankl[2], erzählte mir folgende Begebenheit:

Sie war mit ihrer Schulklasse bei einem Tagesausflug unterwegs. Es war nachmittags, die Klasse bereits am Heimweg, als sich ein zehnjähriger Schüler bei der Bushaltestelle »furchtbar aufführte«. Er schrie laut, weinte, versuchte auf eine Mitschülerin einzuschlagen und weigerte sich im Bus mitzufahren. Dieser Schüler war sonst eher ruhig, unauffällig und »unproblematisch«. Umso mehr war sie über diesen Vorfall bei der Bushaltestelle überrascht.

---

2 Viktor Frankl, 1905–1997, Psychiater und Neurologe, Begründer der dritten Wiener psychotherapeutischen Schule der Logotherapie und Existenzanalyse. www.franklzentrum.org

Der Bus näherte sich der Haltestelle. »Nein, ich fahre nicht mit«, schrie der Bub. Die Lehrerin bemühte sich anfangs, ihn zu beruhigen. Das machte ihn aber noch wütender. Sie überlegte, ob sie schreien, drohen oder auf andere Art Macht zeigen sollte. Der Bus fuhr in die Haltestelle ein. Alle Kinder der Klasse stiegen ein, das tobende Kind und die Lehrerin waren noch draußen. Ein Passant wurde aggressiv und sagte: »Dem gehören doch nur ein paar Ohrfeigen, damit er weiß, wo es lang geht. Das hätte es zu meiner Zeit nie gegeben.«

Vielleicht hat die aggressive Äußerung des Passanten den Ausschlag gegeben, wer weiß. Die Lehrerin wusste auf einmal ganz konkret, was zu tun war. Sie bückte sich zu Fabian, sah in seine aufgeregten Augen und sagte ganz ruhig zu ihm: »Fabian, wenn du so reagierst und so wütend bist, dann ist etwas ganz Furchtbares passiert. Es tut mir sehr leid für dich. Ich verspreche dir, wir werden das heute noch klären. Aber jetzt steig in den Bus ein, du siehst, er wartet schon auf uns.«

Als ihm die Lehrerin bestätigte, dass ihm etwas Furchtbares zugestoßen sei, da konnte sie Kontakt zu Fabian herstellen. Trotz des Schmerzes konnte er seine Lehrerin wahrnehmen und er konnte ihr in den Bus folgen. Fabian blieb die ganze Fahrt in der Nähe seiner Lehrerin, sprach kein Wort, lange noch – so erzählte sie – schluchzte er in sich hinein.

Als sie in der Schule angekommen waren, machte die Lehrerin ihr Versprechen wahr. Sie holte Fabian und das Mädchen, auf das er einschlagen wollte, zu sich und ging mit ihnen in einen eigenen Raum, um in Ruhe den Vorfall zu besprechen. Jetzt wurde Fabian immer nervöser und unruhiger. Als die Lehrerin ihn fragte, was denn vorgefallen sei, begann er wieder zu weinen und schrie seine Mitschülerin an: »Sag du, was passiert ist, sag du es!« Das Mädchen sagte nichts. Es stand wortlos neben Fabian.

Das Mädchen war eine sehr gute Schülerin, in der Klassengemeinschaft aber nicht so beliebt, weil sie eine sehr unangenehme Eigenschaft hatte. Sie konnte in Streitsituationen den Mitschülern durch ganz bestimmte, sehr treffende Bemerkungen gezielt deren wundesten Punkt berühren.

»War das, was Marion zu dir gesagt hat, so furchtbar, dass du es nicht noch einmal aussprechen kannst?« Fabian schluchzte noch mehr, so sehr, dass er nicht sprechen konnte. Dann fasste er seinen ganzen Mut zusammen und schrie in einer Lautstärke, die die Lehrerin erschrecken ließ: »Sie hat zu mir gesagt, ich bin hässlich.«

Kaum hatte er das herausgeschrien, wollte er sich auch schon auf seine Mitschülerin stürzen und sie schlagen. Die Lehrerin trat dazwischen. Sichtlich berührt über Fabians Gefühlsausbruch, beugte sie sich zu ihm, berührte seine Schultern und sagte: »Das ist ja wirklich furchtbar, was Marion zu dir gesagt hat. Vor allem aber stimmt es nicht. Du bist ein hübsches Kind, und Marion war sehr böse, als sie das sagte.«

Fabian beruhigte sich langsam. Die Lehrerin machte auch Marion klar, was sie mit Worten ausrichten könne. Sie erklärte ihr, dass sie eine sehr intelligente Schülerin sei und deshalb besonders aufpassen müsse, was sie in manchen Momenten sagt.

Zur Erklärung über Fabians Gefühlsausbruch sei gesagt, dass er als Säugling an einer Lippen-Kiefer-Gaumenspalte operiert worden ist. Die Operation ist wunderbar geglückt, Fabian sah hübsch aus, eine leichte Narbe und Einziehung an der Oberlippe waren noch zu sehen. Die Lehrerin unterrichtete dieses Kind bereits das vierte Jahr und wusste über die familiären Verhältnisse gut Bescheid. Vor allem aber wusste sie, dass Fabians Mutter anfangs Probleme hatte, ihr Kind wegen dieser Fehlbildung anzunehmen.

In der Begegnung mit der Lehrerin konnte Fabian erstmals über seinen verletzbarsten Punkt sprechen. Nachdem Fabian und Marion gegangen waren, rief die Lehrerin Fabians Mutter an und schilderte ihr diesen Vorfall. Fabians Mutter war tief berührt, sie weinte am Telefon und bedankte sich bei der Lehrerin über die liebevolle und wertschätzende Behandlung ihres Sohnes. Für die Lehrerin war tiefste Liebe vonseiten der Mutter herauszuhören. Ein Raum der Heilung war eröffnet worden.

Die Lehrerin nutzte diesen Vorfall, um mit der ganzen Klasse über Verletzbarkeiten zu sprechen. So wurde erarbeitet, dass jedes Kind, ja selbst die Lehrerin, jeder Mensch seine verletzbaren und wunden Stellen hat, und wie vorsichtig wir umgehen müssen, wenn wir die verletzbare Stelle eines anderen Menschen kennen.

Fabian war seit diesem Ereignis, so erzählte die Lehrerin, nicht mehr so still und zurückgezogen. Er war lebhafter und selbstsicherer. Sein Überlebensmuster bestand darin – aus Selbstwertproblemen – sich zurückzuziehen, um ja nicht aufzufallen. Aber jetzt konnte er leben, weil ihm seine verletzbare Stelle bekannt war, er sie benennen und zu sich selbst besser stehen konnte.

Wenn wir selbst – oder andere – furchtbar reagieren, dann ist etwas Furchtbares passiert!

Ich lade Sie ein, das Buch kurz wegzulegen und nachzudenken, wo oder wann Sie selbst schon furchtbar reagiert haben. Lassen Sie diese Situation vor Ihren Augen wiederaufleben. Dann könnte es sein, dass Sie selbst entdecken, was denn dabei Furchtbares passiert ist. Es geht bei dieser Übung nicht darum, einen Schuldigen zu suchen oder zu finden. Es geht darum, seine eigene Verletzbarkeit besser wahrzunehmen. Jetzt bräuchten Sie nur noch einen so gefühlvollen Menschen wie diese Lehrerin, der Sie bei den Schultern berührt und sagt: »Ja, das ist wirklich furchtbar, was dir da passiert ist.«

Ist diese Lehrerin, ein Partner, Freund oder sonst eine Vertrauensperson nicht vorhanden, dann ist es wertvoll, in einem Therapiegespräch zu reflektieren, wo Sie denn so verletzbar sind. Dadurch wird es möglich werden, eine stabile Identität auszubilden, um unkontrollierte Ausbrüche, welcher Art auch immer, besser verstehen bzw. vermeiden zu können.

Vielleicht können Sie aber auch nachdenken, wann Ihr Partner, Ihre Kinder, Eltern oder Freunde furchtbar reagieren können. In diesen Situationen sind Sie dann selbst aufgerufen, nicht mit Ratschlägen, Macht oder Gegenaggression zu reagieren, sondern mit Wertschätzung und Achtsamkeit einen Kontakt in einer sehr schwierigen, oft nicht auszudrückenden Situation herzustellen. Jetzt könnte es Ihnen gelingen, einen Raum der Heilung zu eröffnen, damit dort wieder Lebendigkeit und Stimmigkeit entstehen, wo vorher Überlebensstrategien wie Rückzug, Angst, Zynismus und dergleichen notwendig waren.

Wie aus Herrn B. Rudi wurde

Georg Wögerbauer

Herr B. ist für mich der wahre Überlebenskünstler! Er hat überlebt und beginnt wieder zu leben. Ich habe von ihm die Erlaubnis, seine Geschichte so niederzuschreiben, wie ich sie mit ihm erlebt habe:

Vor viereinhalb Jahren wurde ich gefragt, ob ich die hausärztliche Betreuung für einen damals 50-jährigen Mann übernehmen will, der einen Suizidversuch überlebt hat und schon seit einem halben Jahr als schwer depressiver, chronischer Schmerzpatient in einem Pflegeheim lebt. Durch seinen Suizidversuch leidet er an einer Querschnittslähmung. Komplizierend kam nach dem Ereignis noch ein Schlaganfall dazu. Er ist vom Brustkorb abwärts gelähmt, kann nur mehr seinen linken Arm bewegen und nur schwer eingeschränkt sprechen, lesen und schreiben. Das bedeutet für ihn, gelähmt im Rollstuhl und in besonderem Maße pflegebedürftig zu sein.

Aufgeregt und mit Herzklopfen habe ich das erste Mal sein Zimmer betreten, um ihn kennenzulernen. Er saß in einem Rollstuhl, den er mit der linken Hand steuern konnte, und sehr bald machte er mir mit seiner lebhaften Mimik und Gestik der linken Hand klar, dass er heftige Schmerzen hatte. Bei diesem ersten Besuch weinte er viel, ein Ausdruck von viel Traurigkeit und Schmerz. Was mich verwunderte, war, dass wir trotz seiner Sprachlosigkeit miteinander sprechen und vieles austauschen konnten. Herr B. konnte meine Fragen mit Kopfbewegungen beantworten, und was mich faszinierte, war seine Fähigkeit, mit den Augen zu sprechen. Bei all der Dramatik seiner Lebenssituation und bei aller Traurigkeit nahm ich in seinen Augen in ganz wenigen Momenten dieser ersten Begegnung auch Keckes, Freches und Lebensbejahendes wahr. Herr B. konnte mimisch gut kommunizieren. Wir haben vereinbart, dass ich ihn ärztlich begleiten werde. Sein Auftrag an mich hieß, ihm die Schmerzen zu nehmen.

Herr B. wollte sich in einem Moment tiefster Verzweiflung aufgrund einer persönlichen Krise das Leben nehmen, und es ist wohl für niemanden vorstellbar, was in ihm da vorging, als er wieder erwachte, um festzustellen, unter welchen Umständen nun sein Leben weitergehen würde.

Als ich vor viereinhalb Jahren die ärztliche Betreuung übernahm, haben schon viele erfahrene KollegInnen und TherapeutInnen mit Herrn B. gearbeitet und ich hatte eine dicke Mappe mit Befunden von Psychiatern, Schmerztherapeuten, Kunst-, Musik-, Ergo-, Physio- und Psychotherapeuten sowie Neurologen zu studieren. Ich stellte fest, dass schon eine Fülle von sehr professionellen und sinnvollen Maßnahmen gesetzt wurden, aber nahezu in jedem Therapiebericht stand, dass der Patient sich nur mäßig, wenn überhaupt auf die Therapie einlassen wollte und allzu oft auf Wunsch des Patienten die Therapien abgebrochen wurden.

Auch ich, quasi als neuer Therapeut, erlebte die ersten zwei Jahre nicht anders in der Zusammenarbeit mit Herrn B. Zuerst ließ er sich bereitwillig auf meine therapeutischen Konzepte ein, aber sehr bald schon beendete er wieder die Therapie. Mir erging es also ähnlich wie den meisten anderen Therapeuten, die mit Herrn B. gearbeitet hatten. Zuerst freundliche Akzeptanz und bald schon Rückzug von seiner Seite. Auch ich hatte das Gefühl, ihm nicht weiterhelfen zu können.

Es war vor eineinhalb Jahren, als mich die Stationsschwester informierte, dass Herr B. von sich aus begonnen hatte, die vom Facharzt und von mir verordneten Medikamente zu reduzieren und dass er aus eigenen Stücken die Kunst- und Physiotherapie beendet hatte. Das war auch zu jener Zeit, als er von seiner Lebensgefährtin einen eigens für ihn ausgebildeten Therapiehund erhielt. Obwohl ich dieser Maßnahme anfangs skeptisch gegenüberstand, war nach meiner Beobachtung dieser Hund das erste Lebewesen, zu dem er nach seinem Suizidversuch wieder unbeschwert eine Beziehung aufbauen konnte.

Bei einem neuerlichen Besuch zeigte mir Herr B. Fotos von seiner Hündin Joli und ich entdeckte wiederum dieses lebendige, zeitweise freudige Aufflackern in seinen Augen, wenn er mir gestikulierend zeigte, welche Kunststücke seine Joli schon konnte. Ich sprach ihn auch auf seine selbstbestimmte Medikamentenreduktion an und stimmte ihm ganz offen mit der Bemerkung zu, dass ich mir gut vorstellen könne, dass er nach über drei Jahren eine große Abneigung gegen die vielen Medikamente habe, und wir vereinbarten schrittweise eine weitere Reduktion.

Bekam ich von der Stationsschwester in den ersten beiden Jahren häufig Anrufe, Herr B. habe starke Schmerzen, sei depressiv und sitze weinend in seinem Zimmer, so erhielt ich jetzt Anrufe mit der Nachricht, dass er seine Medikamente selbstständig reduziere. Zu diesem Zeitpunkt entschied ich mich ganz bewusst,

Herrn B. zu folgen, um ihm dadurch vielleicht besser helfen zu können. Indem ich aufhörte, als Arzt laufend über Therapie und Nichttherapie für Herrn B. zu entscheiden und ihm selbst die Entscheidung überließ, begann sich unsere Beziehung zu verändern. Damit habe ich ihm, der durch seine Behinderung so sehr von anderen abhängig ist, auch wieder verstärkt die Fähigkeit zugestanden, zu entscheiden, was für ihn gut ist und was nicht.

Eine weitere entscheidende, sowohl für ihn als auch für mich heilsame Begegnung trug sich vor etwa sieben Monaten zu: Ich war in dem Pflegeheim, das Herr B. bewohnt, bei einer alten Patientin zu Besuch. Im Vorbeieilen sah ich ihn mit seinem Rollstuhl auf dem Balkon, wie er geschickt mit seiner linken Hand in aller Ruhe eine Zigarette drehte. Ich weiß nicht genau, was es alles war, das mich in diesem Augenblick so faszinierte. Zum einen seine Ruhe, in der er das tat, vielleicht hatte ich mir genau in diesem Moment so eine Ruhe gewünscht, zum anderen war es mit Sicherheit die selbstgedrehte Zigarette in seiner Hand. Selbstgedrehte Zigaretten haben bei mir einen besonderen Stellenwert. Ich rauche vielleicht ein bis zweimal im Monat nur mit speziellen Freunden oder meinem Sohn am Lagerfeuer sitzend oder nach einem guten Essen und in einer ganz besonderen Stimmung und viel Ruhe eine selbstgedrehte Zigarette. Mit diesem Ritual assoziiere ich Ruhe, zufriedenes und ungehetztes Beisammensein. In dem Moment, als ich Herrn B. mit seiner Zigarette am Balkon sah, winkte ich ihm ganz spontan zu und rief, dass ich gerne mal mit ihm eine Zigarette rauchen würde, wenn er sie mir drehen würde.

In diesem Moment muss zwischen uns etwas Heilsames passiert sein. Ich bin aus der Arzt-Patienten-Beziehung eher intuitiv denn therapeutisch überlegt herausgetreten. Aus meiner eigenen

Bedürftigkeit nach Ruhe und Gemütlichkeit bin ich auf Herrn B. zugegangen und habe ihn gefragt, ob er denn nicht auch für mich eine Zigarette drehen würde. Alle Jahre zuvor habe ich als sein Arzt so viel unternommen, um ihn wieder zum Gesundsein zu motivieren, und jetzt frage ich ihn um eine »ungesunde« Zigarette.

Aus der typischen Arzt-Patienten-Beziehung ist eine Beziehung zwischen zwei Männern entstanden. In diesem Augenblick war Herr B. der Gebende. Lächelnd hat er mir zugestimmt, dass er gerne für mich eine Zigarette drehen würde.

Es war dann ein paar Wochen später. Ich habe mir mit Herrn B. einen Termin in einem Café außerhalb der Stadt vereinbart. Er ist mit seinem elektrischen Rollstuhl selbstständig dorthin gekommen. Ich erinnere mich genau an den Moment unserer Begegnung: Er – endlich außerhalb seines Zimmers, das der vorrangige Begegnungsraum in den letzten vier Jahren war – saß da, Frucade-trinkend, zum Sonnenschutz hatte er einen großen Strohhut auf und hatte für uns schon zwei selbstgedrehte Zigaretten vorbereitet. Wir hatten eine wunderschöne Begegnung, eine lebendige Kommunikation. Ohne Worte konnte mir Herr B. vermitteln, wo er aufgewachsen ist, dass er einen neuen Rollstuhl, einen Aufrichte-Rollstuhl bekommen wird, auf den er sich schon sehr freut, weil er durch die Aufrichtung nach fünf Jahren Bettliegen und Sitzrollstuhl endlich wieder neue Perspektiven gewinnen wird. Er hatte sein iPhone mit, wir haben uns gegenseitig fotografiert und er hat mir Bilder von seiner Hündin gezeigt. Wir sind uns sehr herzlich begegnet und haben dann gemeinsam beschlossen, uns per Du und mit Vornamen anzusprechen. Ich habe meinen Laptop aus dem Auto geholt und ihm Fotos von meinem Bauernhof und von meiner Familie gezeigt. So wurde aus Herrn B. Rudi und aus Dr. Wögerbauer wurde Georg, und ich habe mit Rudi die wohl heilsamste Zigarette geraucht, die es geben kann.

Das war Kommunikation ohne viele Worte, das war Begegnung! Das meiste haben wir über unsere Augen, über Bilder und auf der Herzensebene ausgetauscht. Wieder einmal ist mir klar geworden, dass Kommunikation nichts mit Eloquenz zu tun hat. Es war für uns beide ein entspannter Nachmittag. Ich bin nicht zu Herrn B. gekommen, um ihm wieder eine neue Therapie zu empfehlen, sondern ich bin als Georg gekommen, um mit Rudi eine Zigarette zu rauchen.

Heilung ist nicht machbar. Sie geschieht, wenn Menschen einander begegnen, und sie gelingt, wenn Beziehung gelingt. Heilung ist erst möglich geworden, als ich ihm absichtslos begegnet bin. Es war auch der Moment, als aus dem Patienten Herrn B. wieder der Mann, die Person Rudi wurde.

Seit dieser Begegnung berichten mir die Schwestern, dass er bestimmter, manchmal sogar aggressiver ist. Er klagt kaum mehr über Schmerzen und hat begonnen, Briefmarken zu sammeln. Darüber hinaus beginnt er wieder, aus eigenen Stücken Aquarelle mit der linken Hand zu malen. Wie gut, dass dieser Mann nun wieder lernt, »Nein« zu signalisieren und damit auch »Ja« zu sagen. Ich freu mich für ihn zu hören, dass er auch wieder nach außen hin aggressiver wird. Das ist ein Weg aus der Depression, die eine schlimme Form von Aggression gegen sich selbst ist. Mit der Kraft, mit der er jetzt nach außen geht, kann er wieder auf andere zugehen in die Begegnung.

Rudi weiß genau wie ich, dass er gelähmt bleiben wird, und dennoch wird er immer mobiler werden, beweglicher auf seine Weise, weil er über Beziehung und Begegnung wieder seinen

Selbstwert, auch seine Resonanz in der Begegnung erfahren hat und immer wieder erfahren wird.

In der Heilung relativieren sich Gesundsein und Kranksein. Gesundsein ist nicht die Abwesenheit von Problemen, sondern der Mut und die Fähigkeit, mit ihnen umzugehen. Rudi beweist diesen Satz. Er hat gelernt, zu seinem Sein zu stehen. Er, der nicht mehr leben wollte, den Suizid überlebt hat, hat sich durchgekämpft und sagt nochmals Ja zu seinem Leben.

Rudi ist für mich längst kein »Pflegefall« mehr, denn er hat aufgehört, sich »fallen« zu lassen. Er ist voll da, er gestaltet, tritt in Beziehung, hat seinen freien Willen und lebt sein Leben nach *seinen Möglichkeiten*. Die selbstgedrehte Zigarette steht für ihn, wie für mich, für Freundschaft, Vertrauen, Gemütlichkeit, Ruhe und Loslassen. Das ganze Geschehen war ein Geschenk für beide, für Rudi, wie für mich. Es hat damit auch bei mir Ruhe und Gelassenheit bewirkt, etwas, wonach ich mich selbst so sehr sehne.

Vor meinem Urlaub sind wir uns nochmals begegnet. Wir haben wieder eine Zigarette gemeinsam geraucht, dieses Mal am Balkon des Pflegeheims, und ich habe Rudi gefragt, ob ich seine Geschichte, die für mich viel Lebensbejahendes hat, niederschreiben darf und ob er einverstanden ist, wenn der Text in unserem Buch erscheint. Er hat freudig zugestimmt.

Und das will ich ihm heute sagen:

*Rudi, was dir gelingt, kann anderen Menschen Mut machen,
ihr Leben wieder in die Hand zu nehmen,
wieder selbst regulierend ihr Leben zu gestalten.
Vielleicht macht deine Geschichte Mut,
dass Menschen wieder kräftig aufstehen
und ihren Weg gehen.
Das zeigst du vor
und kannst dadurch ein wichtiger Haltegriff sein für andere.
Ich wünsch dir immer wieder neue Perspektiven
und viele Begegnungen, in denen du schenken kannst,
was du mir gegeben hast.
Danke!*

*Rudi B. stellt dieses selbstgemalte Bild für unser Buch zur Verfügung.
Acryl/Lw, 60 x 50 cm*

Schatz, ist was passiert?

HANS WÖGERBAUER

Ein 52-jähriger Mann litt an einem lange dauernden Überforderungssyndrom. Akute retrosternale (hinter dem Brustbein), brennende Schmerzen führten ihn entsprechend aufgeregt in die Praxis. EKG, Herzenzyme, alles war in Ordnung, auch der etwas erhöhte Blutdruck war sicherlich nicht die Ursache, sondern eine sogenannte Refluxösophagitis – eine durch Sodbrennen entstandene Speiseröhrenentzündung.

Ich besprach mit dem Patienten den Unterschied zwischen Behandeln und Heilen:

»*Behandeln bedeutet den Körper soweit in Ordnung zu bringen, dass er die alte Ordnung wieder erträgt. Heilen bedeutet eine Welt zu schaffen, die den Körper nicht mehr dem Kranksein aussetzt.*« (Jean Carpentier)

Im Fall des 52-jährigen Patienten würde »behandeln« bedeuten, ihm ein Rezept mit einem PPI (Säureblocker) für vier Wochen einmal täglich in die Hand zu drücken. »Heilen« aber bedeutet, über die möglichen Ursachen dieser Refluxösophagitis nachzudenken und Impulse zur Heilung zu bekommen.

Der Patient entschied sich sinnvollerweise für beides. Also verordnete ich ihm ein entsprechendes Medikament, das er vier

Wochen lang täglich nehmen sollte. Darüber hinaus kam er alle drei Wochen zum therapeutischen Gespräch, um die möglichen Heilungsansätze auszuarbeiten: Ernährungsumstellung, zwei Liter Flüssigkeit, weniger Kaffee, drei mal pro Woche zeitiger ins Bett gehen, Bewegungstraining und einmal pro Woche, am Mittwochnachmittag, zu Hause sein.

Die Idee, sich am Mittwochnachmittag freizunehmen, kam während unseres gemeinsamen Ideensammelns wohl von mir, dass er diesen Nachmittag aber zu Hause sein wollte, kam ganz alleine von ihm.

Als er die Idee formulierte, bekam er schon leuchtende Augen: »Ja, das mache ich. Als Unternehmer kann ich mir das recht gut einteilen. Meine beiden Kinder sind gerade in der Pubertät, da kann ich mit ihnen sogar etwas unternehmen, und meine Frau wird sich auch freuen, wenn ich zu Hause bin.«

Als er nach zwei Wochen zum nächsten Termin kam, war er niedergeschlagen. »Was ist denn los?«, fragte ich, und er schilderte, wie er den ersten Mittwochnachmittag zu Hause erlebte: »Herr Doktor, das war fürchterlich! Meine Frau fragte: ›Schatz, ist was passiert?‹ Ich sagte: ›Nein, ich möchte einfach heute Nachmittag zu Hause bleiben.‹ ›Ach so‹, sagte sie fragend und überall, wo ich im Haus auftauchte, störte ich. Ich war überall im Weg! Meine Frau hatte zu tun, meine Kinder hatten überhaupt keine Zeit und ich wusste nicht, was ich tun sollte. Zum Sporteln war das Wetter zu schlecht, zum Lesen hatte ich keine Lust und so ging ich im Haus unzufrieden auf und ab.«

»Stopp – darf ich Sie hier unterbrechen?«, fragte ich. »Wie ist es Ihnen da gegangen?«

»Na, schlecht natürlich, die brauchen mich doch gar nicht. Ich war ärgerlich und dachte mir, denen würde doch genügen, wenn ich monatlich den Scheck nach Hause schicken würde. Ich geh ihnen doch sowieso nicht ab.«

»Jetzt klingt das aber für mich mehr nach Traurigkeit als nach Ärger. Wie geht es Ihnen denn jetzt, wenn Sie mir Ihr Erlebnis erzählen?«

»Ja, Sie haben recht, Herr Doktor. Das macht mich wirklich traurig. Ich glaube, ich mache alles falsch«, sagte er und sah mich mit traurigen Augen an.

»Was würden Sie denn gerne anders machen, wenn Sie könnten?«, fragte ich.

»Sie meinen, ich soll einfach so aus dem Bauch heraus sagen, was ich gerne anders haben würde?«, fragte er.

»Ich meine«, setzte ich nach, »was Sie gerade anders machen würden.«

»Sie sind aber hartnäckig«, erwiderte er spontan. Am Klang seiner Stimme hörte ich, dass er mich verstanden hatte.

Herr M., so nenne ich diesen Patienten, setzte sich gemütlich hin, ich spürte, wie sich seine Schultern entspannten. Auch seine Stimme wurde etwas sonorer und war nicht mehr so angespannt.

»Ich glaube«, versuchte ich Herrn M. die Atmosphäre zu verdeutlichen, »jetzt kommen Sie langsam in eine Stimmung, in der Ihre eigene Kreativität und Lebendigkeit Raum bekommen können.«

»Stimmt«, sagte er. »Ich fühle mich wirklich wohler als vorhin. Woran kann denn das liegen, an der Situation selbst hat sich doch gar nichts verändert?«

»Ich glaube, es hat sich bereits eine ganze Menge verändert. Wenn Ruhe in Ihnen entstanden ist, dann deshalb, weil Sie vom spontanen Reagieren ins Agieren, ins Gestalten gekommen sind. Sie spüren sehr gut, dass etwas nicht so läuft, wie es typisch für Herrn M. und seine Familie wäre. Und jetzt können Sie in Ruhe überlegen, was Sie so verändern möchten, damit für Sie selbst und im Endeffekt auch für Ihre Familie wieder mehr Stimmigkeit entstehen kann.«

Es entstand eine Pause. Herr M. atmete ruhig, saß entspannt da und ordnete sichtlich seine Gedanken. Schließlich sagte er in einer Langsamkeit, wie ich sie von ihm vorher noch nie erlebt habe: »Ich arbeite viel zu viel, und alles muss so schnell gehen, viel zu viele Termine und alles ist eng und verkrampft.«

»Und ich erlebe Sie als einen so ruhigen, fast eher langsamen Menschen«, ergänzte ich.

»Na, wenn das meine Sekretärin und meine Mitarbeiter oder auch meine Frau hören könnten, die würden sich vor lauter Lachen auf die Oberschenkel klopfen«, sagte er.

»... weil viele Menschen, denen Sie sich zeigen, Ihr echtes Tempo oder den echten Herrn M. vielleicht gar nicht so richtig kennen«, versuchte ich seinen Satz zu beenden.

»Natürlich ist es angenehm, in so ruhiger Atmosphäre zu sprechen, aber so spielt das Leben nicht!« Herr M. setzte sich auf, schlug die Beine über Kreuz, verschränkte die Arme vor der Brust, auch die Stimme war wieder härter als noch kurz zuvor.

»Bleiben Sie«, sagte ich, »so wie Sie jetzt sind, und verändern Sie Ihre Körperhaltung nicht. Im Gegenteil, verstärken Sie diese, indem Sie die Beine fester übereinander schlagen und die Arme noch fester verschränken. Was spüren Sie da?«

Herr M. nahm meine Anregung auf und intensivierte seine Haltung, wie oben beschrieben. »Na ja, verkrampft und eng, eigentlich ungemütlich.«

»Verkrampft und eng, so haben Sie doch kurz vorher Ihre Arbeits- und Lebenssituation beschrieben, erinnern Sie sich?«, fragte ich Herrn M.

»Ja, es fühlt sich jetzt auch fast so ungemütlich an wie im Büro.« Herr M. lachte.

»Aber vorher, als Sie so gemütlich gesessen sind und in einer so ansteckenden Ruhe formuliert haben, was im Moment nicht stimmig ist, wie war es da?«
»Viel entspannter«, antwortete Herr M. ganz spontan.
»Und wo kam der typische Herr M. eher zum Vorschein, vorher oder jetzt?«, fragte ich nach.
»Wenn Sie so fragen«, Herr M. setzte sich wieder gemütlich hin, wurde entspannter, sprach wieder langsamer, »dann würde ich sagen: vorhin.«
»Für mich fühlt sich das auch so an«, sagte ich. »Der echte Herr M. ist für mich der ruhige, eher langsame, überlegte Mann. Diese Ruhe von Ihnen ist ansteckend und als Gesprächspartner fühle ich mich wohler als vorhin, als Sie sagten: So spielt das Leben nicht. Da kam für mich Härte, Strenge, fast ein bisschen Angst vor dem Leben und der Zukunft durch. Herr M.«, fragte ich, »darf ich unser Gespräch an dieser Stelle ganz kurz unterbrechen und Ihnen den Unterschied zwischen Urtypus und Phänotypus erklären, oder wollen Sie lieber keine Unterbrechung?«

Herr M. entschied sich für die Erklärung und hörte mir entspannt, gelöst, aber aufmerksam zu. Ich bin überzeugt, dass in dieser Situation sogar sein Magen entspannt war und kein Reflux entstehen konnte, der Puls ruhig und langsam war und auch der Blutdruck sank.

»Vor einigen Jahren«, so begann ich meine Erklärung, »behandelte ich eine Patientin mit schwerer Darmentzündung. Die Patientin war eine flotte, attraktive Frau in Designerkleidung, mit schickem Cabrio, und sie leitete eine größere Abteilung. Sie sprach sehr schnell und war auch in all ihren Bewegungen schnell und hektisch. Die Patientin erhielt von ihrem Facharzt schwere entzündungshemmende Medikamente, aber von Heilung war keine Rede. Die Patientin entschied sich bei mir zu einer psychosomatischen Behandlung und nach einem Jahr schickte sie mir ihre um vier Jahre ältere Schwester zu einer Vorsorgeuntersuchung. Kurz nach der Begrüßung sagte diese zu mir: Seit meine Schwester bei Ihnen in Behandlung ist, wird sie wieder so langsam, wie sie im Kindergartenalter war. Meine Eltern sagten damals, weil sie so langsam war, man könne ihr beim Gehen die Schuhe binden. Und so war es auch! Die Patientin war vom Urtypus – also so, wie sie der liebe Gott erschaffen hat – ein eher langsames, gemütliches Kind. Sie hatte aber gelernt, dass sie mehr Beachtung, Liebe, Anerkennung und Wertschätzung bekommt, wenn sie alles schneller und noch schneller erledigt. Und so wurde sie immer schneller und all ihre Freunde, ihr Chef, ihre Mitarbeiter kannten sie als flotte, schnelle und quirlige Frau. Ihr Phänotypus, also ihr Erscheinungsbild, stimmte mit ihrem Urtypus einfach nicht überein. Das musste natürlich auch Auswirkung auf ihren gesamten Körper haben. Alles ging schneller, als es ihrer Natur entsprach. So auch die Stresshormone, Verdauungsenzyme und alle anderen Stoffwechselvorgänge in ihrem Körper. Die Patientin litt nebenbei auch an sehr schmerzhaften Regelkrämpfen und an Verspannungen in der Hals- und Nackenmuskulatur und musste deswegen regelmäßig Medikamente nehmen. Der Gynäkologe sagte, dass sei bei ihr ganz normal, weil sie ein sogenanntes polyzystisches Ovar hatte. Selbst die Sexualhormone konnten also das eingelernte Tempo nicht mehr halten. Im Laufe der einjährigen Therapie lernte die Patientin langsam – sehr langsam – Mut zu ihrem eigenen Tempo zu finden und dieses auch zu leben. Im Laufe der Zeit hatten sich die Beschwerden deutlich gebessert, ich würde heute sogar sagen, die Patientin ist geheilt, nimmt keine Medikamente mehr, die Beschwerden in ihrer Halswirbelsäule sind abgeklungen und Mutter ist sie in der Zwischenzeit auch geworden – trotz ihres sogenannten polyzystischen Ovars. Wie geht es Ihnen, wenn Sie das hören?«, fragte ich Herrn M.

»Ich glaube, ich beginne langsam zu verstehen, was Sie meinen«, antwortete Herr M.

»Verstehen ist das eine, aber leiblich zu spüren, also auf körperlicher, seelischer und geistiger Ebene das Erfahrene in Ihr Leben integrieren zu können, wird ein aufregender, aber im Endeffekt schöner Entwicklungsweg werden, den Sie gehen können. Dass Sie dabei mit hoher Wahrscheinlichkeit Heilung von Ihren Beschwerden erreichen können, ist fast ein angenehmes Nebenprodukt. Denn Sie beginnen damit eine Entwicklung, die im Endeffekt ein ganzes Leben dauert.«

»Das klingt so einleuchtend«, sagte Herr M. »Ich möchte mich auf den Weg machen. Vielleicht bleibe ich beim freien Mittwochnachmittag, aber nicht primär, um der Familie zu zeigen, dass ich da bin, sondern für mich selbst, um meine – wie Sie gesagt haben – Langsamkeit auszuprobieren.«

Herr M. war ein einfühlsamer Mensch und er spürte rasch, was er aus tiefster Seele wirklich in seinem Leben brauchte. Er wurde ruhiger und langsamer, und so hart, schnell und verkrampft, wie er sein Leben früher gestaltet hatte, braucht er heute nicht mehr zu leben. Und Refluxbeschwerden hat er bis heute nie wieder bekommen.

Ich will Ruhe

heißt oft
Ich bin zu erschöpft
um wirklich
da zu sein

heißt oft
Ich bin einsam
und kann auch
mit dem Allein-sein
nicht mehr umgehen

heißt oft
verlang ja nichts von mir
sonst zerfalle ich ganz
Ich will und kann nicht mehr
funktionieren

heißt manchmal
bitte nimm mich
so wie ich bin
und gib mir die Zeit
mich wieder zu entdecken
zu spüren

heißt auch
DANKE, dass du bist
und ich dir sagen darf
ich will Ruhe

G.W.

Ein Vortrag über Krisen

Georg Wögerbauer

Es war in der Fastenzeit. Ich war selbst gerade am Fasten, hatte einen Fastenkurs zu leiten und viel Arbeit in der Praxis. Wieder ist mir passiert, dass nicht ich die Arbeit, sondern die Arbeit mich gesteuert hat. Am Vormittag spürte ich bereits eine wachsende Spannung, wusste ich doch, dass ich am Nachmittag einen großen Vortrag zu halten hatte. »Wege aus der Krise« war das Thema und ich war nicht so gut vorbereitet wie nötig, um in Ruhe dorthin zu fahren.

Da ich selbst seit 20 Jahren Fastenkurse begleite, weiß ich genau, wie wichtig Pausen und Regenerationszeiten beim Fasten sind. Nur an diesem Freitag nahm ich mir nicht genug Zeit dafür. Müde und angespannt war ich unterwegs zum Vortrag und anstatt beim Autofahren entspannende Musik zu hören, bereitete ich mich während der Fahrt auf den Vortrag vor.

Dort angekommen spürte ich schon, wie die immer mehr und mehr eintreffenden Zuhörer in mir Spannung auslösten, und ich fühlte deutlich meine Müdigkeit und wachsende Anspannung. Schon bei meinen ersten Worten spürte ich, dass mit mir etwas nicht stimmte. Ich begann in gewohnter Weise zu sprechen, aber ich hatte das Gefühl, die Menschen hörten mich nicht. Sie schauten mich fragend an und je mehr ich sprach, umso unverständlicher wurde ich. Ich spürte, wie ich mangels Resonanz seitens der Zuhörer begann, mich anzustrengen. Das, was ich sagen wollte, was ich sagte, kam nicht rüber. Es blieb im Zwischenraum hängen, wie Hunderte Fragezeichen, und zunehmend erfassten mich Anspannung, Stress und Angst.

Während ich nun, zunehmend hilflos werdend, über Krise sprach, spürte ich an meinem eigenen Körper, wie mich die Krise ereilte. Im Ringen, die Krise zu erklären, habe ich sie selber erfahren. Hunderte PatientInnen haben mir schon ausführlich ihre Angst- und Panikattacken erklärt. Jetzt, vor 300 Menschen stehend, hatte ich zum ersten Mal genau dieses Gefühl. Ein Gefühl von Hilflosigkeit und Einsamkeit. Ich spürte mein Herz bis zum Hals klopfen und dann kam noch das Schwitzen dazu, das nicht mehr zu verbergen war. Ich fürchtete, das Mikrofon würde mir aus der Hand fallen und mein größter Wunsch war, den Vortrag abzubrechen. Beschämt stand ich vor den Menschen, die mich selbst in der Krise erlebten. Da gab es kein Zurück, ich musste durch.

In dieser sehr unangenehmen Situation war ich nicht mehr ich selbst, sondern Angst und Starre hatten mich erfasst. Ich war an einer absoluten Grenze angelangt. Da entschied ich mich für die Flucht nach vorne. Ich beendete mein in dieser Situation pseudosouveränes Gerede über die Krise und gestand meine eigene Krise ein: »Ich spüre aktuell«, sagte ich, »dass ich nicht über Krise zu Ihnen sprechen kann, sondern, es tut mir leid, dass Sie mich jetzt in einer eigenen Krise erleben müssen. Ich fühle mich geschwächt und unwohl.« Ich gestand vor dem gesamten Auditorium meine Schwäche ein.

Schlagartig ist eine Atmosphäre der Akzeptanz entstanden.

Die Menschen, die mir zuhörten, haben einen Raum der Heilung aufgemacht, ich habe Solidarität von den Zuhörern erfahren. Mit meinem Eingeständnis von Schwäche verschwanden alle Fragezeichen, die ich in den ersten 20 Minuten so schmerzhaft zwischen mir und den ZuhörerInnen erlebt habe. Lebendige Augen blickten mich an. Ich spürte vielfache Resonanz und mein eben noch erschöpfter Körper und Geist bekamen mit einem Mal wieder Kraft. Meine Gedanken waren klar, das Schwitzen hörte auf und ich fühlte den Schutz von Menschen, die sicher selber auch schon Krisen erlebt haben. Da waren Menschen in Resonanz mit mir, manche haben mir zugezwinkert, viele Augen und bewegte Gesichter gaben mir in dieser intensiven Begegnung Mut. Mit Leichtigkeit konnte ich in der Folge für alle verständlich den Weg aus der Krise aufzeigen. Ich war in Ko-Respondenz mit den Menschen, wir haben uns gegenseitig geantwortet. Ich habe nicht das Modell der Krise besprochen, sondern wir haben gemeinsam Krise an Körper, Seele und Geist erfahren und auch den Ausweg. Denn der Weg aus der Krise beginnt immer mit dem Eingeständnis von Schwäche.

Schwach sein ist erlaubt!

Mit dem Satz »Die Hilflosigkeit ist der geeignetste Ausgangspunkt für Entdeckungen« habe ich in vielen Vorträgen und Seminaren meinen Freund Waldefried Pechtl zitiert. Jetzt habe ich das am eigenen Leib erfahren. Das Eingeständnis meiner eigenen Hilflosigkeit hat mich wieder in Kontakt mit mir und meinen ZuhörerInnen gebracht.

Als ich an diesem Abend nach Hause kam, herrschte trübe Stimmung bei unserem Nachtmahltisch. Meine Frau erkannte meine Erschöpftheit und deprimierte Stimmung, und auch mein Sohn war betrübt wegen einer nicht so erfolgreichen Notenserie.

»Heute ist es mir beim Vortrag anfangs ziemlich schlecht gegangen«, erzählte ich. »Ich hab mich während des Vortrags selbst in der Krise erlebt. Mit dem Eingestehen meiner Schwäche haben mir die ZuhörerInnen wieder aus der Krise herausgeholfen.«

Meine Frau berührte beinahe unmerklich meinen Fuß, während ich das sagte. Da sah ich, wie meinem Sohn sichtbar Druck von den Schultern abfiel, da er an diesem Abend ein Nichtgenügend in Latein nach Hause gebracht hatte. In dieser Atmosphäre war es auch für ihn nicht schwer, über seine misslungene Schularbeit zu sprechen.

Der Heilungsraum, der sich schon während des Vortrages geöffnet hatte, hat sich zu Hause nochmals aufgetan. Müde, mit der Gewissheit, dass auch Scheitern erlaubt ist, und getragen von einer heilsamen Energie gingen wir alle schlafen. Und wir schliefen sehr gut!

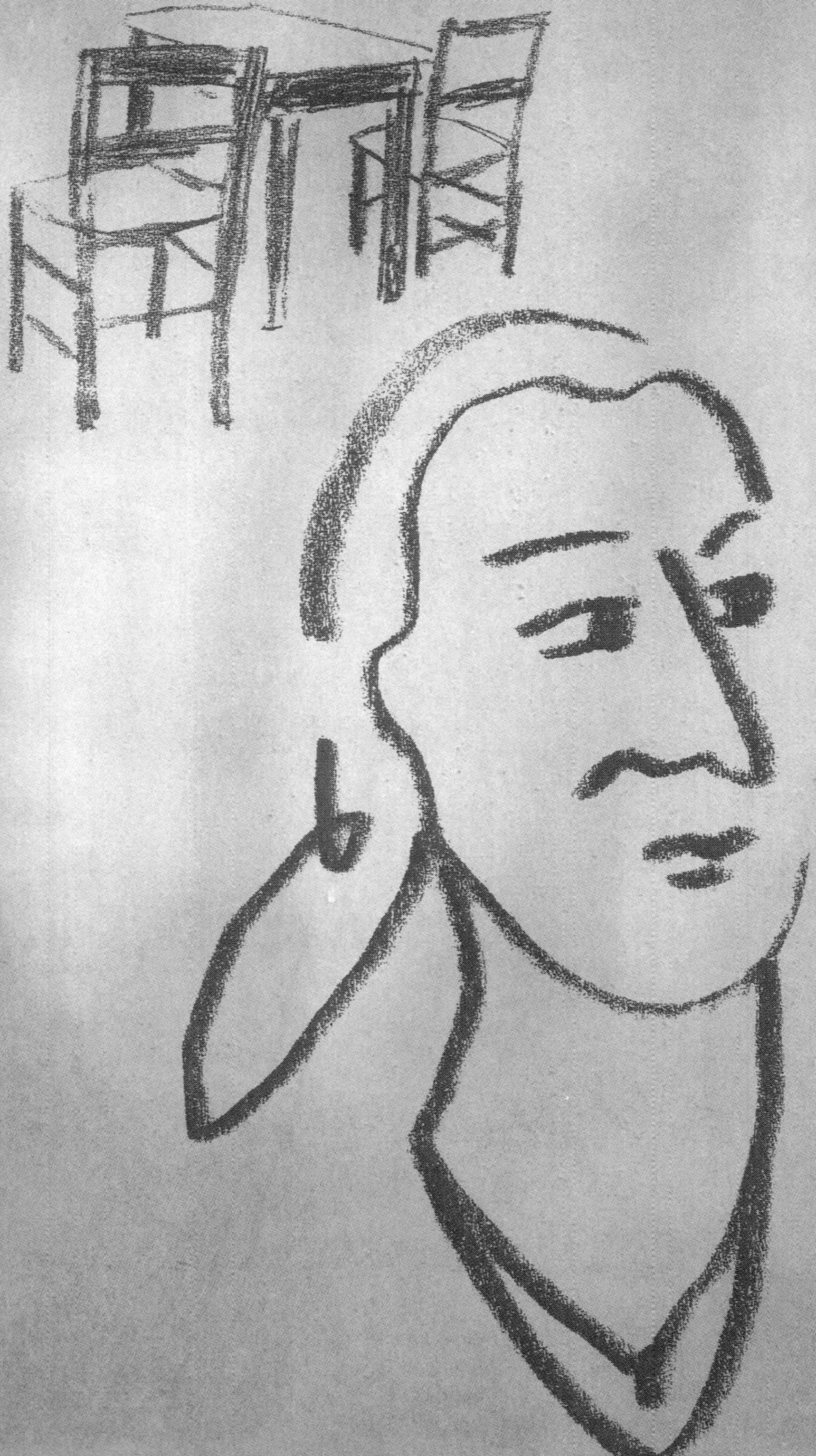

Die Atmosphäre von Kreta

Hans Wögerbauer

»*Atmosphären sind randlos in den Raum gegossene, dich ergreifende Gefühlsmächte.*« (Hermann Schmitz)[3]

Ich glaube zu wissen, was Sie jetzt denken, es ist tatsächlich eine holprige Definition, aber ich kenne keine bessere. Kennen Sie das Gefühl, wenn Sie mit Freunden um den Tisch sitzen, blödeln, lachen, und es setzt sich jemand dazu. Vielleicht sogar ein sehr netter, freundlicher, unkomplizierter Mensch, und trotzdem erlischt der »flow«, der »Schmäh«, wo kurz vorher ein Wort das andere ergeben hat. So gibt es natürlich auch für meine Frau, für meine Familie und für mich Situationen, in denen wir in den »flow« kommen und lebendig, spontan und kreativ sein können.

So ähnlich geht es mir, wenn ich in Sivas, einem kleinen Ort in Südkreta, ankomme. Der Ort liegt nicht am Meer, hat keinen sogenannten »historischen Kern«, nur einfache Häuser mit einfachen Menschen. Wenn wir vom einfachen Menschen sprechen, so verwenden wir dieses Wort in unserem Sprachgebrauch doch eher abfällig und meinen vielleicht oft »nicht so gebildet« oder

3 Hermann Schmitz, 1989, zitiert durch Waldemar Schuch in: Anton Leitner (Hrsg.): Strukturen der Psychotherapie. Krammer Verlag 2001, Seite 150.

»nicht so erfolgreich« oder »nicht so wohlhabend«, »nicht in einer ›höheren‹ Position tätig« zu sein uvm. Ich aber möchte es so verstanden wissen, wie ich es geschrieben habe: einfache Häuser und einfache Menschen!

Leben wir nicht in einer neurotisierenden Kultur, wenn wir zum Beispiel in einem Small Talk die beiden Fragen stellen: Erstens: »Wie heißen Sie?« und zweitens: »Was machen Sie beruflich?«, oder wenn Journalisten oder Moderatoren Menschen in A-, B-, oder C-Prominenz einteilen oder von einer abgetakelten Diva sprechen, von »Loosern« und noch einigem mehr? Durch diese Respektlosigkeit wird das Wunder Mensch nicht mehr wahrgenommen.

Ist es nicht armselig – armselig im wahrsten Sinne des Wortes –, wenn wir unseren Selbstwert und unsere Identität oft zum großen Teil aus unserer Ausbildung und unserer beruflichen Tätigkeit ziehen? Ist es da nicht verwunderlich, wenn sich in vielen Familien Scheinstabilitäten durch bestimmte berufliche und finanzielle Positionen »festigen«, im Glauben, damit gesellschaftlich »verankert« zu sein? Da wiegen sich doch viele Menschen und leider auch viele Familien in Scheinsicherheiten und ich erlebe in meiner täglichen Arbeit, dass oft erst mit der Pensionierung der »Überlebenskampf« beendet ist. Erst mit der Pensionierung fällt dann eine Last ab, die gar nicht zu tragen notwendig gewesen wäre, wenn wir unsere Identitäten statt über den Beruf zu definieren, über Beziehungen leben würden. Es geht darum, vom Überleben zum Leben, zum lebendigen, kreativen Leben zu gelangen.

In den letzten 30 Jahren stieg die Zahl der PatientInnen mit Angsterkrankungen ständig an. Die Menge der verordneten Antidepressiva (eine Goldgrube der Pharmaindustrie und Armutszeugnis für uns betreuenden Ärzte) hat sich verdoppelt und verdreifacht. Psychoneuroimmunologisch wissen wir, was ein lang andauernder »Überlebenskampf« anrichten kann: Schlafstörungen, Unkonzentriertheit, Unfallhäufigkeit, Angst, Panikstörungen, Schweißausbrüche, Zittern, Gier, Arroganz, Bluthochdruck, Infektanfälligkeit bis hin zu Tumorerkrankungen und vieles mehr.

David Servan-Schreiber[4] und viele andere beschrieben Emotion als echtes Heilmittel. Wenn wir unser emotionales Gehirn trainieren, dann werden Gefühle, Wünsche, Visionen und unsere Ursprünglichkeit wieder wach.

Auf geistiger Ebene spüren wir unsere eigene Echtheit durch Spontaneität, Kreativität, mehr Verständnis und Gefühl für uns selbst und für andere. Dadurch entstehen auch höhere Toleranz, Solidarität, ein höherer Grad von Absichtslosigkeit, Humor und das Gefühl von Geborgenheit, Zufriedenheit und Dankbarkeit.

Auf körperlicher Ebene spüren wir diesen Zustand durch besseren Schlaf, weniger Gier (nach Essen, Trinken, Zucker, Fett, Zigaretten, nach Macht und Besitz), erhöhter Blutdruck kann sich regulieren, mehr Beweglichkeit im ganzen Körper, weniger Schmerzen, vermehrte Libido und geringere Infektanfälligkeit.

Jetzt wird verständlich, weshalb die emotionale – mein Bruder und ich nennen sie die »integrierende« – Medizin und Gesundheitsentwicklung so rasch an Bedeutung gewinnen wird. Wer mehr Lebendigkeit für sich und sein Leben erreichen möchte, wird um diese Fragen nicht herumkommen.

Was hat das aber alles mit Sivas in Südkreta zu tun?

Was mir hier so gut gefällt, ist, dass nichts fertig ist, so wie wir

---

4 David Servan-Schreiber: Die neue Medizin der Emotionen. Stress, Angst, Depression: Gesund werden ohne Medikamente. Goldmann Verlag 2006.

selbst und die ganze Natur auch niemals fertig sein können. Die Wohnhäuser, die Straßen, die »Gartenanlagen«, der Lebensmittelhändler sowie alle Menschen, denen wir hier begegnen.

Während ich das schreibe, sitze ich in Sivas am Balkon unseres Appartements. Wenn ich meinen Blick so herumschweifen lasse, so fiele mir einiges ein, was repariert, erneuert, abgetragen oder revitalisiert gehört. Das Beeindruckende ist, dass es hier niemanden stört. Wie eng wird mir dagegen, wenn ich in Zürich oder anderen perfekten Städten spazieren gehe. Alle Randsteine sind fertig gebaut, die Parkanlagen, die Hauseingänge mit goldglitzernden Griffen, die Autobahnen, alles ist fertig. Der Hang nach Perfektion, dem wir alle so gerne nachjagen und dem wir so viel Lebensenergie schenken, führt uns aber nicht zu vermehrter Lebensfreude und Beziehungsstärke.

Kaum aus Wien hier in Sivas angekommen, werden wir schon von allen Seiten gegrüßt. Wenn wir das dritte Mal über den Hauptplatz gehen, werden wir mit »Jassas, Kalimera« oder »Ela, ela« – komm, setz dich her – begrüßt. Das tut einfach gut! Die Kleidung ist viel einfacher und Modediktate à la Calvin Klein, Adidas oder Lagerfeld sind hier noch fremd.

Hier könnten wir von Kreta lernen, auch mit dem Nichtfertigen gut zu leben. Das würde unserem Herzrhythmus guttun, den Heißhunger reduzieren, den Tiefschlaf fördern und den Antidepressiva-Verbrauch sicherlich deutlich senken.

Viele von uns sind ein Leben lang Überlebenskünstler. Wir bereiten uns immer auf etwas vor, holen etwas nach, planen und arbeiten, um es später »besser« und »bequemer« zu haben. Später? Jetzt leben wir doch! Jetzt leben wir doch mit unserem Partner, unseren Kindern, Enkelkindern, Freunden und unserer Familie. Jetzt heißt es, genügend Zeit zu haben, um das

Leben, so unfertig, wie es eben ist, anzunehmen und damit gut umzugehen!

Letzten Herbst gingen meine Frau und ich in Perchtoldsdorf in der Hagenau – einem wunderschönen Weingartenweg mit herrlichem Ausblick über Wien – spazieren. Wir trafen einen uns bekannten Baumeister, der ebenfalls seine Runde drehte. »Ist das nicht ein herrlicher Platz, und keiner hat Zeit, hier zu gehen, weil jeder dauernd arbeitet, damit er es morgen schöner hat«, begrüßte uns der Baumeister. Er setzte fort: »Wissen Sie, ich lebe ja davon, dass sich die Leute so abmühen und immer alles noch schöner, besser und größer haben wollen, und immer irgend etwas umbauen. Aber dafür müssen sie arbeiten und haben keine Zeit, um mit denen, die sie gerne haben, im neugebauten Wintergarten überhaupt sitzen zu können.«

Das hat meine Frau und mich nachdenklich gemacht, umso mehr deshalb, weil wir gerade erst fertig geworden sind, unseren Gartenweg neu anzulegen und bereits Überlegungen angestellt haben, ob wir die Veranda des Gartenhauses nicht renovieren sollten. Hier in Sivas würde diese Veranda sicherlich noch zehn weitere Jahre gute Dienste tun.

Vor einigen Tagen besuchten wir unsere Lieblingstaverne in Anidri, in der Nähe von Paleohora. Wir freuten uns, unter einem uralten Olivenbaum zu sitzen und nach einem schönen Tag ein gutes Abendessen zu genießen. An einem Tisch am anderen Ende des Gartens saßen drei Männer, alle um die 65 Jahre alt, und unterhielten sich. Plötzlich eskalierte ein Streit zwischen zweien dieser Männer und wir konnten insofern Zeuge einer unerfreulichen Szene werden, weil es keine Griechen, sondern hier wohnhafte deutsche »Aussteiger« waren: »Was willst du eigentlich hier, ich habe dir schon einmal gesagt, ich will von dir nichts mehr wissen«, schrie der eine mit hochrotem Kopf. Der andere Herr, dem das sichtlich unangenehm war, da alle Gäste natürlich hinsahen, wollte etwas Beruhigendes sagen, aber das schien den aufgebrachten, grauhaarigen Mann noch mehr zu ärgern. Er sprang jetzt auf und schrie noch lauter: »Jetzt verpiss dich«, und dann schrie er seine ganze Enttäuschung und eigentliche Traurigkeit heraus: »Drei Jahre war ich Luft für dich, da bin ich oben am Berg in meinem neuen Haus gesessen, nie hast du mich besucht, jetzt willst du scheinbar was von mir, aber ich will nichts mehr von dir, und jetzt verpiss dich.« Der Mann war kurz davor, handgreiflich zu werden, er ging ganz nahe an den ebenfalls Stehenden heran und zeigte ihm den Weg zum Ausgang. Gott sei Dank verließ dieser, die Achseln zuckend und zum Wirt hinüberschauend, die Taverne und fuhr mit seinem Auto hinauf in die Gegend, in der einige neugebaute Häuser stehen.

Meine Frau und ich waren sehr betroffen und sprachen über diesen Vorfall. Welche Träume, Wünsche und Sehnsüchte haben diesen alten Mann veranlasst, sich hier in Anidri ein Haus zu bauen, um vielleicht ganzjährig, vielleicht auch nur zeitweise hier zu leben. Verbinden wir doch Kreta mit griechischer Freundschaft, »Ela, ela – komm, setz dich her«, und dann diese Enttäuschung! Vielleicht berührte mich diese Szene deshalb so, weil wir am Vortag in den Bergen herumspaziert sind und dabei auch diese neuen Häuser außerhalb des Dorfes gesehen haben. Wunderschöne, oft riesige Villen von moderner Architektur, an den »schönsten« Plätzen, um weit in das Land oder auf das Meer sehen zu können. Häuser, so erfuhren wir, die oft jahrelange Sondergenehmigungen benötigten, weil eigene Zufahrtsstraßen angelegt werden mussten. Diese Häuser, so schien uns, waren anders als die anderen Häuser. Von endlosen Steinmauern umgeben, perfekt von der Klingeltaste bis zum Autoabstellplatz, mit angelegten Gärten, wunderschönen Pflanzen, Bougainvillea rankten sich, Palmen stilvoll hingesetzt, wunderschön anzusehen und doch so fremd für diese Gegend.

»Drei Jahre war ich Luft für dich«, hat der aufgebrachte Mann geschrien. Vielleicht wohnt er – womöglich allein – in einem dieser neuen Häuser. Sagen wir nicht oft: Der Aussteiger nimmt sich selbst im Reisegepäck mit. Reisen ins Ausland können bei der Identitätssuche behilflich sein, ein Ausstieg aus der alten, nicht mehr passenden Tretmühle kann manchmal ein passender Neubeginn sein, muss es aber nicht. Viele dieser neuen Häuser stehen wie Fremde in der Landschaft und die Einsamkeit sieht einen aus allen Fenstern an. Gier, zu kurz zu kommen, Angst, das Leben könnte bald vorbei sein, lassen sie egoistisch – Geld ist ja genug da – die schönsten Punkte in der Landschaft besetzen, aber die Isolation, nicht dazuzugehören, zieht mit ein in diese neuen Häuser.

Die beiden anderen Männer vom ehemaligen Dreiertisch verließen kurz nach diesem Streit ebenfalls das Lokal, drei halbvolle Biergläser zurücklassend.

In der Taverne ging die Unterhaltung weiter, der Wirt scherzte mit seinen Gästen, er musste immer mehr Sessel holen, weil die Tischrunde immer größer wurde. Von dieser Unterhaltung verstanden wir kein Wort, weil die Personen alle Griechisch sprachen. Es wurde gelacht, heftig diskutiert, mit Händen und viel Emotion gesprochen. Es war eine lebendige Gemeinschaft, stimmig und rund.

Sie hatte uns wieder eingeholt – diese Atmosphäre von Kreta, und sie tut uns so gut.

Die Birke auf der Mauer

Georg Wögerbauer

In unserem vorangegangenen Buch (»Herzensangelegenheiten«) habe ich eine Birke beschrieben, die ich vom Fenster meiner Praxis aus in Pernegg sehen kann. Sie wächst auf einer ca. fünf Meter hohen Steinmauer, ganz oben. Zwischen den Steinen hat sich schon vor längerer Zeit ihr Samen niedergelassen und scheinbar »ohne Ressourcen«, aber mit viel Licht, Sonnenwärme und der Restfeuchtigkeit der alten Steinmauer ist aus dem Samen eine stolze Birke geworden.

Ich schrieb damals auch von einem »kleinen Bruder«, der neben ihr gewachsen ist, und erzählte, wie viele Gewitter und Hagelstürme die beiden da oben wohl schon überlebt haben.

Im Sommer vor zwei Jahren kam der Gärtner des Klosters auf die schlechte Idee, zwecks Erhalts der Klostermauern die beiden Birken abzuschneiden. Die Enttäuschung bei mir und vielen PatientInnen war groß. Etliche, die »von der Birke auf der Klostermauer« gelesen hatten, kamen zu mir und fragten nach ihr, stand sie doch in der Geschichte als Analogie für viele Menschen, die unter widrigen Umständen dennoch ein lebendiges und zufriedenes Leben gestalten können.

Im darauffolgenden Frühling konnte ich beobachten, wie aus

den Stümpfen der beiden Birken neuerlich kleine, zarte Triebe sprossen. Den Stamm der beiden Birken hat der Gärtner zwar abgeschnitten, aber die Birken haben sich mit ihren Wurzeln so gut zwischen den Steinen verankert, dass der Gärtner keine Chance hatte, sie ganz zu beseitigen. Um sie wirklich zu zerstören, hätte er die schwere Klostermauer abbauen müssen. Wie gut für die Birken, gut auch für alle, die sich an ihnen erfreuen oder durch ihren Anblick Mut und Motivation erhalten zu wachsen, dass der Gärtner kein Maurer ist.

Nach zwei Jahren haben die beiden Birken die ursprüngliche Größe ihrer Vorfahren wieder erreicht und stehen stolz und exponiert auf der hohen Klostermauer. Die Wurzeln der Birken sind weit verzweigt zwischen den Steinen. Ähnlich wie der Halt, den Menschen in ihren ersten Lebensjahren durch das bekommen, was in sie hineingeliebt wird. Diese Basis kann ihnen niemand mehr wegnehmen – ihr ganzes Leben lang!

Ich habe die Erfahrung gemacht, dass viele Menschen diese so notwendigen Beziehungsressourcen oft nicht primär von ihren Eltern, sondern von Großeltern oder anderen Bezugspersonen erhalten haben. Um wirklich lebensfähig zu sein, benötigen wir dieses bedingungslose Geliebtsein genauso wie Essen und Trinken.

In der Begleitung von Menschen ist es hilfreich, diese Ressourcenarbeit zu betreiben, damit sie schließlich sagen können: »Ja, da gibt es einen Menschen in meinem Leben, der hat mich geliebt, so wie ich bin.« Ausgehend von diesen Wurzeln des Geliebtseins ist Wachstum und Entwicklung möglich.

Ich hoffe, die beiden Birken können auf der Klostermauer noch lange weiterwachsen. Zu deren Sicherheit werde ich dem Gärtner diese Geschichte widmen.

Ganz

sein
da sein

einfach
sein

einfach
ganz sein

ganz
einfach
sein

einfach
ganz
da
sein

da sein
ganz einfach

G.W.

Ein Abend mit Anna Netrebko

Hans Wögerbauer

Herr K., ein 45-jähriger Mann, kommt aus »guten Verhältnissen«. Das heißt: Es gibt ein geordnetes Elternhaus, seine Familie hat hohes Ansehen im Ort, sein Vater engagiert sich in der Gemeinde, die Mutter in der Kirche. Herr K. genoss strenge katholische Erziehung, gute Schule und vieles mehr. Die Familie war nie reich, aber wie man so schön sagt: wohlhabend, das bedeutet ein Einfamilienhaus, schöner Garten, zwei Autos vor der Tür und jedes Jahr mehrwöchige Urlaubsfahrten.

Leistung, Erfolg, Ansehen, Religion und Bildung waren für die Familie hohe Werte, an deren Erlangung vor allem die Mutter der Familie ihre große Aufgabe sah. Deshalb war auch das Prinzip des Sehens und Gesehenwerdens eine nie ausgesprochene, aber wichtige Grundregel im privaten wie auch im öffentlichen Leben dieser Familie.

Die Kinder wuchsen in einer Atmosphäre auf, in der Leistung Geborgenheit bedeutete und Können Lebenssicherheit. Das Leben der Familie war durch Normen, religiöser wie gesellschaftlicher Art, geprägt, die der Familie Halt und Orientierung gaben. Die Familie war beliebt im Ort, anerkannt, und die Familienmitglieder lebten auch sehr zufrieden.

Ein besonders schönes Erlebnis für die Familie war, wenn »höher angesehene, erfolgreiche« Menschen, wie Bürgermeister, Künstler, erfolgreiche Schauspieler, Sänger, reiche Unternehmer oder auch Menschen, die es einfach im Leben »zu etwas« gebracht haben, zu Besuch kamen. Dann freuten sich alle, waren entsprechend aufgeregt, weil es fürs Leben einfach wichtig ist, Netzwerke zu knüpfen, Kontakte zu pflegen, um in »guten« Kreisen zu verkehren und »Sicherheit« fürs Leben zu bekommen.

Herr K. machte eine »Bilderbuchkarriere«. Von den Eltern geliebt, erfolgreich im Beruf, heiratete er eine Frau, die er sehr schätzt und liebt – ebenfalls eine leitende Angestellte mit guter Bildung. Sie hatten zwei Kinder im Alter von 13 und 15 Jahren, ein Haus mit Garten, zwei Autos, und sie konnten mehrere Wochen auf Urlaub fahren. Die Familie von Herrn K. war – wie seine Herkunftsfamilie – im Ort angesehen, er leitete den Caritaskreis, und die Kinder waren beliebte Ministranten. Einladungen und soziale Netze wurden gepflegt, wie schon von seinen Eltern.

Vor zwei Jahren gab es im Leben von Herrn K. eine schwere Krise, als die Firma, in der er angestellt war, von einem Konzernbetrieb übernommen wurde. Ängste, vor allem Zukunftsängste, machten sich breit, konkret die Angst, gekündigt zu werden, was sich in Schlafstörungen, Schweißausbrüchen und Tagesmüdigkeit ausdrückte. In der Gesellschaft fühlte er sich nicht mehr wohl. Alle seine Freunde waren »erfolgreiche« und »angesehene« Leute, und er womöglich in Kürze arbeitslos.

War Herr K. früher ein beliebter Unterhalter, der Witze erzählen konnte, über alles »Wichtige« Bescheid wusste, eine feste Meinung hatte, so fehlten ihm auf einmal die Worte. Es fehlte auch, wie man auf Wienerisch sagt, sein »Schmäh«. Unsicherheit trat auf, Streitigkeiten mit seiner Frau waren die Folge, weil er die gewohnten Einladungen ablehnte.

»Ich versteh dich nicht, täglich werden Firmen von Konzernen aufgekauft, außerdem kündigen die einen Mann wie dich niemals, eher diesen ungebildeten Kollegen – wie heißt er doch? –, und jetzt reiß dich doch zusammen, was sollen sich denn unsere Freunde denken! Außerdem bringt Klaus doch seinen Freund, den berühmten Schauspieler mit.«

Herr K. begann vor den Einladungen Sekt zu trinken, um in Stimmung zu kommen, aber die gewünschte lockere Atmosphäre wollte sich nicht einstellen. An seinen Kindern begann er herumzunörgeln. Es gefiel ihm auf einmal nicht mehr, wie sie sprachen, wie sie sich bewegten und kleideten. Die Kinder begannen, ihm aus dem Weg zu gehen.

Als Herr K. im Rahmen einer Vorsorgeuntersuchung zu mir kam und ich ihn fragte, wie es ihm denn ginge und wo denn im Moment seine Zufriedenheiten lägen, platzte er heraus: »Herr Doktor, hier darf ich doch ganz offen reden, oder? Mich kotzt das alles an, ich will und kann nicht mehr. Zufriedenheiten, haben Sie gefragt? – Was ist denn das? Ich weiß nicht mehr, wie es weitergehen soll.«

»Wenn Sie nicht mehr wissen, wie es weitergehen soll, kann das heißen, dass Sie keinen Ausweg sehen und sich allein fühlen?«, fragte ich.

»Das ist eher harmlos ausgedrückt. Solange alles funktioniert, ist das doch für meine Familie o. k. Solange Geld, Position und Schöntun vor Freunden passt, ist doch alles in Ordnung, oder?« Auf einmal wechselte Herr K. die Sprache und fiel in einen Dialekt, der mir vorher bei ihm völlig fremd war: »Das geht mir doch alles am Arsch, die sollen mich gernhaben, ich will das alles nicht mehr!«

»Was wollen Sie nicht mehr?«, fragte ich nach.

»Dieses Funktionieren! Mein Leben ist doch ein einziger Kampf, alles nur so zu machen, dass es passt.«

»Dass es für wen passt?«, fragte ich.

»Na, für wen denn?«, sagte Herr K. gereizt. »Für die anderen, immer für die anderen. Und dann passt es einmal für mich nicht, dann bin ich alleine.«

»Was passt denn nicht?«, fragte ich.

»Eigentlich passt eh wieder alles«, flüchtete Herr K. aus der für ihn belastenden Situation. »In der neuen Konzerngruppe bin ich gut gelandet, aber sicher ist dort nichts mehr.«

»Was wäre denn für Sie sicher?«, fragte ich weiter.

»So wie es früher war«, antwortete Herr K., aber während er dies sagte, korrigierte er sich auch schon. »Nein, so wie es früher war, möchte ich es eigentlich nie wieder.«

»Wissen Sie, Herr K., dass Sie eine erstaunliche Persönlichkeit sind und bereits schon auf dem Weg zu einem für Sie neuen und stimmigen Leben? Bisher haben Sie in Ihrem System doch gut überlebt und es war, so wie Sie es mir erzählt haben, auch ein gutes Leben. Sie waren doch gut ›auf Schiene‹, aber jetzt sind Sie von diesem Weg abgekommen. Dass Sie von Ihrem Weg abgekommen sind, das sollte für Sie, so vermute ich, kein Nachteil sein. Herr K., wären Sie bereit für ein kleines Experiment?«, fragte ich.

»Kommt darauf an, was es ist«, war seine logische Antwort.

»Ich möchte Sie einladen, jenen Herrn K. zu spielen, der von ›seinem‹ Weg abgekommen ist. Ihre Familie gibt eine große Einladung, zu der Anna Netrebko eingeladen wird, und Sie sollten neben ihr sitzen.«

»Wow – Anna Netrebko? Eine schöne und berühmte Frau«, sagte Herr K.

»Wie geht es Ihnen mit dieser Vorstellung?«, fragte ich.

»Aufgeregt bin ich, wenn ich daran denke«, sagte er.

»Wieso denn?«, fragte ich naiv.

»Na ja – Anna Netrebko, bei uns?«

Wir spielten die Geschichte durch, wie sich die ganze Familie für diesen Abend vorbereiten würde, die endlosen Diskussionen, was sie wohl gerne essen würde, was nicht, ob nicht ein Catering besser wäre, oder doch selbst kochen, welche Weine, wie die Sitzordnung sein sollte. Die alte Garnitur, die viel zu klein ist, würde er weggeben, er wollte schon lange eine neue kaufen.

Er überlegte, welche Freunde er dazu einladen sollte, vielleicht den Vorstandsdirektor aus seiner neuen Firma, ein wichtiger Mann, vielleicht auch den Freund Klaus, der könnte doch auch seinen Freund, den Schauspieler mitbringen. Herr K. war voll bei der Sache und es machte ihm sichtlich Spaß, diese Geschichte durchzuspielen.

»Ich würde mich natürlich informieren, was Anna Netrebko zurzeit und wo singt, was sie schon alles gesungen hat. Die CD von ›La Traviata‹ würde ich mir anhören, über Mozart, Puccini würde ich nachlesen. Na, das wäre ein Theater, wenn die Anna Netrebko zu uns käme. Das wäre ein Rauschen in unserem Gemeindewald.«

»Stopp. Herr K., darf ich Sie hier einmal unterbrechen?«

»Na, wenn's unbedingt sein muss«, murrte Herr K., »ich hätte Ihnen noch lange von der Einladung erzählen können.«

»Das glaube ich Ihnen gerne, Sie waren wirklich voll dabei. Könnten Sie noch eine zweite Geschichte spielen?«, fragte ich ihn.

»Noch eine?«, fragte Herr K. »Wollen Sie jetzt vielleicht noch Barack Obama zu uns einladen?«, fragte Herr K. und lachte.

»Nein, nicht Barack Obama, sondern Luise, eine 40-jährige Frau, alleinerziehende Mutter von zwei Kindern, eine wirklich lustige, quirlige Frau, die Ihre Gattin erst letzte Woche im Schwimmbad kennengelernt hat«, sagte ich.

»Na, muss denn das sein?«, schmollte Herr K. »Jetzt wo's so lustig war mit der Anna Netrebko.«

»Ist ja auch nur ein Experiment«, munterte ich Herrn K. auf weiterzuspielen. »Wie geht es Ihnen mit der Vorstellung, dass Luise zu einer Abendeinladung zu Ihnen nach Hause kommt?«, fragte ich.

»Na ja, mit der Anna Netrebko war's lustiger, aber o. k., ich spiel mit«, bestätigte Herr K. seinen Entschluss.

»Wie es mir mit der Vorstellung ginge«, setzte er fort. »Na gar nichts, wenn meine Frau sie unbedingt einladen will, so soll sie halt kommen.«

»Und was soll denn Ihre Frau kochen?«, fragte ich nach.

Herr K. lachte: »Ist mir doch vollkommen egal, also wenn diese, wie heißt sie, diese Luise schon kommen muss, dann, dann soll meine Frau meine Leibspeise – Lasagne und einen herrlichen Valpolicella – servieren, vielleicht als Nachspeise Profiterolen, ja, das hätte ich gerne. Wir könnten uns doch einen italienischen Abend machen, dann habe auch ich etwas davon.«

Herr K. lachte schallend, lehnte sich bequem in seinen Sessel und streckte seine Hände hinter dem Kopf nach der Seite aus. Herr K. fühlte sich sichtlich wohl.

»Darf ich Sie an dieser Stelle noch einmal unterbrechen?«, fragte ich Herrn K. Er nickte. »Ich hatte den Eindruck, dass ich, als Sie Überlegungen zur Einladung mit Luise anstellten, einen sehr echten Herrn K. erlebte. Echter konnten Sie gar nicht sein! Beim Spiel mit der Anna Netrebko erlebte ich Sie noch als den Herrn K., der in der Gesellschaft gut überleben wollte, bei Luise aber lebten Sie, und das aus vollen Zügen. Wenn Sie wollen, können Sie so bequem sitzen bleiben und ich erzähle Ihnen, wie ich mir vorstellen könnte, wie der Abend mit Luise bei Ihnen vielleicht gelaufen wäre. Ist das für Sie in Ordnung?« Er nickte lächelnd, lehnte sich zurück und hörte sich meine Geschichte an:

»Luise ist gekommen und Sie waren vollkommen absichtslos gewesen, hatten keine neue Garnitur gekauft, und sich auf Ihren italienischen Abend gefreut. Luise saß neben Ihnen, eine wirklich fröhliche, unkomplizierte Frau. Sie hatten, angesteckt durch Luises Leichtigkeit, geblödelt und ihr ehrlich gesagt, weshalb es gerade heute diesen italienischen Abend gibt. ›Ich liebe auch Lasagne‹, hat Luise gesagt, und es wurde bis spät in die Nacht gefeiert. So viel gelacht, wie an diesem Abend, hatten Sie schon lange nicht mehr. Der vorbereitete Valpolicella war zu wenig und es wurde mit burgenländischem Zweigelt weitergefeiert. Die Kinder spielten italienische Musik, Eros Ramazotti oder Ähnliches. Es war ein herrlicher Abend, es wurde getanzt, geblödelt und Sie haben laut zu Eros Ramazotti mitgesungen. Es war einfach schön. Herr K.?«, fragte ich, »wo sind Sie denn gerade?« Ich sah nämlich, dass sich seine Augen mit Tränen gefüllt hatten.

»Ja, so ein Abend wäre schön«, und er wischte sich die Tränen von den Wangen. »Ich glaube, so etwas habe ich überhaupt noch nie erlebt.«

»Aber möglich wäre es doch, oder?«, fragte ich.

»Ich weiß es nicht, aber der Wunsch ist da«, antwortete er.

»Aber möglich wäre es doch, oder?«, fragte er mich zurück.

»Der Abend mit Luise konnte doch nur so schön werden, weil er nicht geplant war, weil er absichtslos war und weil Sie ganz offen hineingegangen sind. Ekstase ist nicht planbar. Ein Besäufnis ist planbar, ein rauschendes Fest und Lebendigkeit aber nicht. Bleiben Sie vorerst auf diesem Weg. In Ihnen stecken so viel Lebendigkeit und so viel Sehnsucht nach Leben. Ich glaube, Ihre schönste Zeit könnte noch vor Ihnen liegen.«

Herr K. hatte es aufgrund seiner Erziehung schwer, seine Gefühle wahrzunehmen. Die berufliche Bedrohtheit brachte die labile Situation vollständig aus dem Gleichgewicht. Angst tauchte auf und sogar ein deutliches Gefühl der Einsamkeit und des Alleingelassenseins, obwohl so viele Menschen um ihn waren.

Das Experiment mit Anna Netrebko führte ihn zurück in eine Scheinheilung – mehr scheinen als sein! Er fühlte sich bei dieser Übung sofort wohl, hat er diese Art der »Stabilisierung« seit früher Kindheit eingeimpft bekommen und fleißig trainiert.

Erst Luise bahnte den Weg zu seiner eigenen Gefühlswelt. Diese Frau war ihm anfangs so egal – sie war »nichts Besonderes, wozu sich mit ihr zusammensetzen, was bringt das schon«, sodass er von Anfang an aus seinem Bauch Entscheidungen treffen konnte, Entscheidungen, die für ihn absolut stimmig waren. Deshalb konnte er an diesem Abend auch vollkommen entspannt, ausgelassen und fröhlich sein und seine Leibspeise – Lasagne, Valpolicella und Profiterolen – genießen.

Meine Schilderung, wie der Abend hätte verlaufen können, bahnte den Weg zu seinen bisher viel zu selten gelebten Ich-Anteilen: Lockerheit, Ich sein können, sich ausdrücken können, aus dem Bauch heraus lachen, ungekünstelt sein, sich frei bewegen, tanzen und singen.

Da begann seine Gefühlswelt lebendig zu werden und Traurigkeit stieg auf, weil er diese Atmosphäre in seiner braven, angepassten Art viel zu selten erleben durfte. Wie strengte er sich doch an im Beruf, zu Hause, in der Caritas, in der Gemeinde, aber einen Abend wie mit Luise konnte er bisher nie erleben.

Wünsche und Träume begannen bei Herrn K. lebendig zu werden, die ersten Schritte zur Heilung.

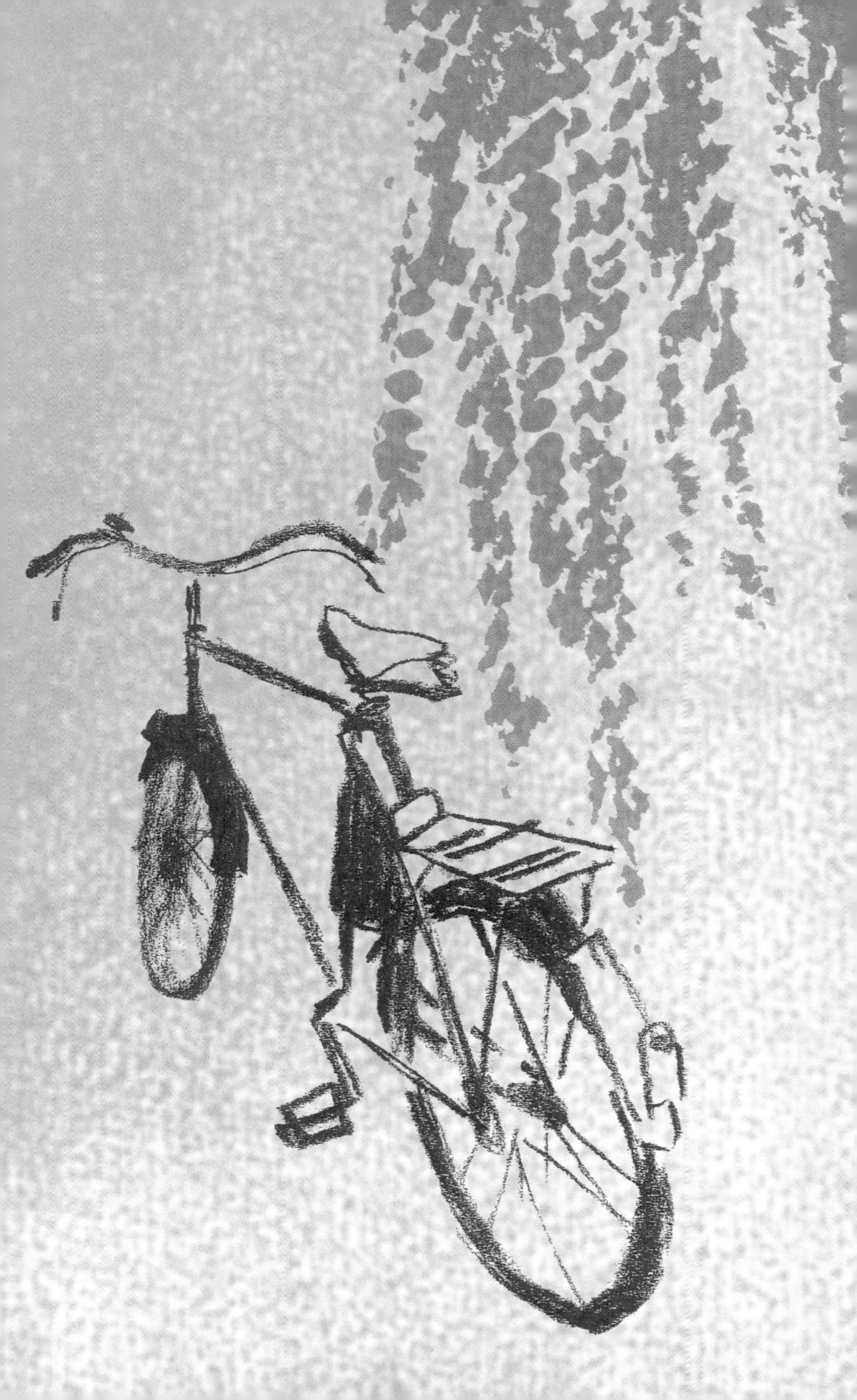

Eine Reise nach Assisi

Hans Wögerbauer

Vor zwei Jahren fuhren meine Frau und ich mit den Fahrrädern von Perchtoldsdorf bei Wien nach Assisi in Italien. Wir freuten uns schon sehr auf diese Reise, weil wir vor elf Jahren dieselbe Strecke zurückgelegt hatten und uns nicht nur der Aufenthalt in Assisi, sondern auch die Fahrt selbst unvergesslich geblieben ist.

Im Juli 2008 war es so weit. Gut vorbereitet und ausgerüstet, beide Räder waren vorher noch in der Werkstatt, machten wir uns auf den Weg. Beim Start aber musste ich feststellen, dass mein Lenker locker war. Zuerst wollte ich mit dem lockeren Lenker aufbrechen, aber mein Sohn riet mir dringlich, diesen reparieren zu lassen. Meine Frau und ich freuten uns auf vier schöne Wochen und »endlos« viel Zeit. So machte es uns auch nichts aus, in der Radwerkstatt geduldig zu warten und erst um 11 Uhr mit repariertem Lenker zu starten. Wir fühlten uns bei der Fahrt wohl, radelten den Wiener Neustädter Kanal entlang, machten am Hauptplatz in Wiener Neustadt eine Kaffeepause und kamen abends müde, aber zufrieden, in Gloggnitz an.

Was uns beiden schon am zweiten Tag unserer Tour auffiel, war die Leichtigkeit, mit der wir unterwegs waren und dennoch einen anspruchsvollen Weg zurücklegten. Schließlich ging es über den Semmering nach Mürzzuschlag Richtung Leoben. Am darauffolgenden Tag, als wir die wunderschöne Strecke von Scheifling zum Neumarkter Sattel zurücklegten, ereignete sich etwas, was mich – bis heute – sehr nachdenklich werden ließ.

Ich telefonierte am Vormittag mit meiner Schwester, die in Klagenfurt wohnt, dass wir am nächsten Tag bei ihr ankommen würden. Sie freute sich auf unseren Besuch, wir auch, und so radelten wir weiter. Ab diesem Zeitpunkt jedoch schaute ich immer wieder auf die Uhr, was ich die anderen Tage nie gemacht hatte, rechnete mir im Kopf aus, wie weit wir heute noch kommen müssten, damit wir am nächsten Tag wie versprochen in Klagenfurt ankommen konnten.

Anfangs merkte meine Frau die Veränderung nicht, aber ich fuhr nicht nur schneller als vorher, sondern ich begann mich auch über Steigungen zu ärgern, die mir meinen errechneten Kilometerschnitt verschlechterten. Ich begann zu kämpfen, die Waden schmerzten und mein Hinterteil tat mir auf einmal weh, die Fahrt wurde immer anstrengender und quälender. Ich ertappte mich, dass ich meine Frau zum Weiterfahren aufforderte, als wir eine Pause machten und sie eigentlich noch im Schatten auf der Bank sitzen wollte. »Komm, wir müssen weiter«, sagte ich zu ihr.

»Warum hast du es auf einmal so eilig, es ist doch ganz egal, wie weit wir kommen. Außerdem schaust du erschöpft aus. Bleiben wir doch noch sitzen.«

Gereizt antwortete ich: »Wir sind doch schon so lange hier gesessen, und ich bin gar nicht müde oder erschöpft, wie du sagst. Mir geht es wunderbar. Außerdem, wer weiß, was für blöde Steigungen bis zum Neumarkter Sattel noch kommen, und wir müssen doch morgen in Klagenfurt sein.«

Beinahe hätten wir zu streiten begonnen und fuhren weiter. Ich war angespannt, schaute immer auf die Uhr und hoffte, dass es möglichst eben dahinginge. Meine Frau fuhr hinter mir, nicht mehr so entspannt und lustig wie noch vor dem Telefonat mit meiner Schwester. Mir fiel dies deshalb auf, weil wir beide nicht mehr die Natur so wahrnahmen, ich sowieso nur mehr die Uhr und die Strecke sah und meine Frau auch fast nichts mehr sprach, wo sie mich noch vor ein paar Stunden auf alles Schöne aufmerksam gemacht hatte. Wir sprachen uns auch nicht mehr ab, wann Zeit war, Pause zu machen, sondern blieben stehen, wenn wir einen schönen Platz entdeckt hatten und diesen genießen wollten.

Und auf einmal waren Druck, Stress und eine Stimmung der Ungereimtheit da. Es passte einfach nicht! Wie so oft war es auch dieses Mal meine Frau, die den Kern der Situation erkannte und auch stoppte: »Ich versteh dich nicht, nur wegen eines Telefonates mit deiner Schwester kippt die Stimmung von Leichtigkeit in Tempo und Druck? Entweder vergisst du jetzt Klagenfurt oder du rufst deine Schwester an, dass wir nicht genau wissen, wann wir ankommen werden.«

Ich habe versucht, mit dem ersten Tipp zurechtzukommen und versuchte Uhrzeit und Wegstrecke aus dem Kopf zu bekommen. Vielleicht gelang es mir deshalb auch besser, weil die Fahrt am Neumarkter Sattel einfach herrlich und die Gegend sehr schön war. Am Abend in Neumarkt waren der Druck und die angespannte Stimmung wieder vergessen. Wir übernachteten in einem gemütlichen kleinen Gasthof und brachen entspannt am nächsten Tag auf. Am Nachmittag kamen wir in Klagenfurt an und verbrachten einen schönen Abend mit meiner Schwester.

Als meine Frau und ich über diesen Vorfall sprachen, merkten wir, dass ich alle Kennzeichen einer Stressbelastung »produziert« habe. In der Sorge, eventuell zu spät zu kommen, entwickelte ich ein Verhaltensmuster, das mir persönlich nicht unbekannt ist:

1. Ich begann zu kämpfen – gegen die Zeit und gegen die Wegstrecke mit ständigem Blick auf Uhr und Geschwindigkeitsanzeige.
2. Eine Stimmung der Gereiztheit entstand in mir, weil ich mich auf einmal über Steigungen zu ärgern begann. Wie oft werden wir in Stresssituationen ungehalten, wenn sich Unvorhergesehenes in den Weg stellt.
3. Ich wurde rücksichtslos. Ich forderte meine Frau auf, weiterzuradeln, bevor sie sich genügend erholt hatte. Sie wollte eigentlich noch länger auf der Bank sitzen und die Ruhe genießen. Es war ja schließlich Urlaub!
Wie oft werden Menschen in Überlebensmustern rücksichtslos. Sie vergessen Partner, Kinder, Enkelkinder und Freunde und stürzen sich in Arbeit, bauen zu große Häuser, die zwar den eigenen Prestigetrieb befriedigen, aber die Familie oft in Stress und unnötige Belastungssituationen bringen. Sie stürzen sich »selbstverwirklichend« in Fitness- und Wellness-Programme und das so wohltuend Heilende, nämlich Solidarität und Gemeinschaft, bleibt dabei oft auf der Strecke.
4. Ich spürte meine eigene Erschöpfung nicht. Arbeiten bis zum Umfallen, das kenne ich von vielen meiner Patienten, wenn sie erschöpft in der Praxis sitzen und aus voller Überzeugung behaupten, sie kämen ohne Pausen und mit nur sechs Stunden Schlaf pro Nacht aus.
5. Die Wahrnehmungsfähigkeit ließ nach.
6. Die Kommunikation war mit einem Mal unterbrochen. Stress

nimmt Humor! (außer den Galgenhumor) Wer ausschließlich aufgabenfixiert lebt, wird humorlos und einsilbig. So radelten auch wir wortlos dahin, keine Spur mehr von Getratsche und »Schmäh«, wie das noch kurz zuvor der Fall war.

Mein Bruder und ich dachten, dass diese Geschichte in einem Buch, das über Momente der Heilung berichten soll, insofern Platz hat, um aufzuzeigen, wie schnell es passieren kann, dass man aus einer Stimmung der Lebendigkeit in ein stressiges Überlebensmuster kippt.

Es freut mich aber, hier berichten zu können, dass ich auf der weiteren Tour nie mehr in eine solche Anspannung gerutscht bin. Die alte Leichtigkeit hatte uns wieder eingeholt und wir freuten uns trotz immer wieder auftretender Steigungen und Bergstrecken auf Assisi.

Was mir schlussendlich noch bewusst wurde, ist, wie wichtig es in einer Partnerschaft ist, die Schwachpunkte (Überlebensmuster) des anderen zu kennen, um sich gegenseitig herauszuhelfen, damit das Leben immer wieder in stimmige Bahnen kommen kann.

Vom Burnout zum Reborn

Impulse zum persönlichen Krisenmanagement

Georg Wögerbauer

Barbara ist eine erfolgreiche Managerin. Sie hat Wirtschaftsinformatik studiert, zwei Jahre Auslandserfahrung und arbeitet seit zehn Jahren in einem internationalen Konzern. Beim Erstkontakt im Wartezimmer begegnen wir uns beide eher vorsichtig. Ich bemerke etwas schreckhaft Verspanntes in ihren Bewegungen und bei mir löst sie sofort einen kontrollierenden Blick auf meine Uhr aus, mit der Befürchtung, ich könnte eventuell unpünktlich sein und die Stunde mit ihr mit Verspätung beginnen, was mir, ich weiß nicht warum, bei dieser Frau, die ich noch gar nicht kenne, sehr unangenehm wäre. Sie ist top gestylt, die hohen Absätze machen ihre Schritte unüberhörbar. Ihr Blick ist angestrengt freundlich und sie wirkt insgesamt müde und erschöpft. Mein Patientensessel hat angenehme Armlehnen und ist sehr bequem zum Zurücklehnen. Aber Barbara bleibt angespannt und sitzt am vorderen Drittel des Sessels. Hoch aufgerichtet sitzt sie da und löst bei mir eine Aufmerksamkeit aus, die mir signalisiert: »Jetzt muss ich mich aber besonders anstrengen.«

Ich lasse mir bewusst Zeit, mache es mir bequem und frage sie, ob sie ein Glas Wasser will. Auf mein gewohntes Frageritual nach ihren Zufriedenheiten will sie nicht eingehen, sondern schildert mir mit eher unmodulierter Stimme und emotionsloser Mimik ihre Beschwerdebilder.

»Hier haben Sie alle Röntgen- und MRT-Bilder von meiner Wirbelsäule. Ich bin seit acht Monaten in orthopädischer, osteopathischer und physiotherapeutischer Behandlung. Meine Kreuzschmerzen werden immer stärker und jetzt schmerzt mich auch schon das Sitzen. Ich kann nur mehr mit Schmerzmitteln schlafen.«

Das MRT der Wirbelsäule zeigte diverse Bandscheibenvorwölbungen und zwei diskrete Bandscheibenvorfälle ohne Einengung der peripheren Nerven. »Alle von mir aufgesuchten Ärzte haben bisher noch nichts zusammengebracht, eine Freundin hat mir gesagt, ich soll's doch einmal mit Ihnen versuchen. Von den vielen Medikamenten habe ich schon Gastritis, chronischer Schlafmangel macht mich unkonzentriert und gereizt. Ich habe kaum Appetit. Im letzten Jahr habe ich fünf Kilo abgenommen, bin ständig müde, extrem ungeduldig und bemerke, dass ich zu meinen Mitarbeitern gereizt und oft auch ungerecht bin. Das Ganze belastet mich sehr und wirkt sich jetzt auch schon auf mein Privatleben aus.«

Das alles erzählte sie mir sehr gefasst und kontrolliert, mich noch immer freundlich anlächelnd, aber wirklichen Kontakt nicht zulassend. Barbara blieb steif und unbeweglich am vorderen Drittel des Sessels sitzen. Bei der Schilderung ihrer Leidensgeschichte bewegte sich nur ihr Mund. Insgeheim überlegte ich mir schon, welche muskelentspannenden Medikamente ich ihr noch geben könnte und fühlte mich verführt, reflexmedizinisch zu antworten.

Ich fragte die Patientin, ob ich sie an dieser Stelle unterbrechen dürfe und ob sie eine kleine Übung mitmachen würde. Meiner Bitte, die Augen zu schließen und dorthin zu atmen, wo der ständige Kreuzschmerz sitzt, kam sie anfangs nur zögerlich nach. Langsam konnte sie schließlich die Atmung vertiefen, die Falten über der Nasenwurzel lösten sich und auch die hochgezogenen Augenbrauen entspannten sich mit der tiefer werdenden Atmung. Ich bat sie, die Augen noch immer geschlossen zu lassen und nachzuspüren, welches Bedürfnis auf der Körperebene sie jetzt hatte.

»Ich will nichts wie liegen – einfach schmerzfrei liegen.« Ich lud sie ein, sich auf eine Matratze zu legen, und weil ihre Füße und Hände (immer, sagte sie) eiskalt waren, gab ich ihr eine Decke zum Zudecken. Nach einiger Zeit in tiefer Atmung und entspannt liegend, begann Barbara unaufgefordert zu erzählen:

»Seit zwei Jahren habe ich nur mehr das Gefühl zu funktionieren, das Leben saust an mir vorbei. Mein neuer Manager gibt mir ständig das Gefühl, nicht gut genug zu sein, ich habe von ihm noch nie ein positives Feedback bekommen – im Gegenteil: ständig wachsende Anforderungen, immer mehr Mails und Projekte. Ich kann mich auch immer weniger mit dem identifizieren, was unsere Firma tut und wie mit den Mitarbeitern umgegangen wird. Alle reden von der Krise, jeder schaut nur mehr auf sich und seine Vorteile. Gelungenes wird nicht gefeiert, Fehler werden einem hundert Mal vorgehalten. Alle denken und handeln nur mehr in Hinblick auf die Quartalsbilanzen, es wird immer unmenschlicher und verrückter. Ich arbeite 60 bis 65 Stunden pro Woche, und wenn ich nach Hause komme, fühle ich mich leer und erschöpft. Meinem Partner geht's in seiner Firma nicht viel besser. Wir sitzen dann zu Hause, haben uns vor lauter Erschöpfung nichts mehr zu sagen – er surft im Internet und ich schlafe vor dem Fernseher ein. Das Wochenende nutze ich dann zum Nachschlafen. Urlaub bekomme ich maximal zwei Wochen am Stück und mein Manager besteht darauf, dass ich auch im Urlaub erreichbar bin. Ich kann soundso nicht mehr abschalten, habe kreisende Gedanken und bin grundunglücklich. Das gemeinsame Haus, das mein Partner und ich gebaut haben, ist längst finanziert, aber leer. Wir benutzen es nur zum Schlafen. Sinnvolle Zeit zu zweit verbringen wir kaum, auch Zeit für Freunde bleibt uns nicht viel bei 60 Stunden Arbeit pro Woche.«

Jetzt hatte sich Barbaras Stimme merklich verändert, weniger gepresst und weicher erzählte sie traurig gestimmt von ihrer Lebenssituation. Ihre Atmung blieb tief und auch ich war ruhiger, gelöster und von ihrer Erzählung berührt. Barbara hat Kontakt zu sich bekommen und ich therapeutischen Kontakt zu ihr.

»Was ist das, was Sie sich für Ihr Leben jetzt am meisten wünschen? Was ist Ihr Herzenswunsch?«, fragte ich sie, und ihre Antwort kam prompt und mit viel Tränen: »Ich bin 39 Jahre, habe beruflich viel erreicht, bin gut bezahlt, kann mir die schönsten Reisen leisten, aber ich kann mich über nichts mehr freuen! Ich liebe meinen Freund noch immer, aber dadurch, dass er genauso erschöpft ist wie ich, rast das Leben ohne Erlebnisse an uns vorbei. Die Urlaubsreisen, Essengehen, unser schönes Haus, das alles gibt uns nichts mehr. Das Spielerische, Verliebte, die Lust ist uns verloren gegangen. Wir Zwei leben nebeneinander. Im Grunde wünsche ich mir eine Familie, Kinder und ein Leben, in dem ich mich wieder spüren kann. Was ich jetzt lebe, das bin nicht ich.«

Gegen Ende der Stunde saß sie wieder auf dem Sessel, anders als zuvor, entspannter, zurückgelehnt, und es war sichtbar, dass sie gut in Kontakt gekommen ist mit ihrem Körper und ihren Gefühlen.

»Eigentlich bin ich wegen meiner Kreuzschmerzen zu Ihnen gekommen, und dann liege ich da eine Stunde auf der Matratze und staune über mich selbst, was ich Ihnen so alles von mir erzähle«, sagte sie verwundert und stellte fest, dass sie sich »irgendwie entspannter« fühlte und auch erleichtert.

»Barbara, darf ich Ihnen erzählen, wie ich Sie im Verlauf dieser Stunde erlebt habe?«, fragte ich sie und erzählte ihr von den zwei Barbaras, die ich wahrgenommen habe. »Die eine Barbara«, sagte ich, »hat schon im Wartezimmer Druck bei mir ausgelöst. Vielleicht kennen das auch manche Ihrer MitarbeiterInnen, Druck, nicht gut zu sein, bzw. Druck auf mich als Arzt, in kürzester Zeit für Sie das richtige Rezept parat zu haben. Der Druck, den ich zwischen uns gespürt habe, hat auch in der ersten Phase unserer Begegnung nicht wirklich Beziehung ermöglicht. Ich habe Sie sehr angespannt erlebt, wohl freundlich lächelnd, erwartungsvoll, aber auch ein Stück kontrollierend, und Ihnen gegenüber sitzend habe ich in meinem Körper zunehmend Anspannung und Anstrengung wahrgenommen. Unsere Begegnung hat sich erst verändert, als Sie den Mut gehabt haben, dem nachzugehen, was Ihnen Ihr Körper gezeigt hat. Sie haben sich erlaubt, sich hinzulegen, tief zu atmen und exakt das wahrzunehmen, was da war. In dem Moment, wo Sie Ihrem Bedürfnis nachgegangen sind, haben Sie einen heilenden Impuls zugelassen. Jetzt sitzt eine andere Barbara vor mir. Ich sehe, dass Sie bequem im Sessel lehnen, Ihre Atmung ist tiefer und dort, wo vorher Druck war, erlebe ich jetzt eine weiche und kontaktfähige Frau.«

Diese Stunde war der Beginn einer Begleitung über mehr als

sieben Monate. Zum Zeitpunkt dieses Erstgespräches war Barbara in einem seit vielen Monaten andauernden Zustand eines Burnouts. Sie steckte fest darin, wie in einem Trichter. Es wurde für sie immer enger. Beruflich, privat und ganz konkret körperlich spürte sie zum damaligen Zeitpunkt den wachsenden Druck.

Ich vergleiche so eine Burnout-Situation mit dem Übergang bei einer Geburt. Von meiner Zeit auf der Geburtenabteilung kenne ich diesen »Point of no return«, wenn das Kind so weit in den Geburtskanal eingetreten ist, dass es kein »Zurück« mehr gibt. Das heißt, der Kopf ist so weit im mütterlichen Becken verankert, dass das Kind auch nicht mehr leicht mit Kaiserschnitt zu entbinden ist, sondern es gibt nur mehr den Weg vorwärts – durch den Geburtskanal –, um gesund auf die Welt zu kommen. Tatsache ist, dass wir alle, die wir geboren sind, diesen ersten Lebensübergang schon gut bewältigt haben. Eine Situation, die Geburtshelfer sehr fürchten, ist der »Geburtsstillstand am Beckenboden«, ein bedrohlicher Moment für Mutter und Kind.

Das Ziel ist klar – die Geburt des Kindes –, Pausen dürfen sein, so eine Geburt ist enorm anstrengend und eine absolute Grenzerfahrung für Mutter und Kind und immer auch, wie jeder Lebensübergang, mit Risiko verbunden. Durch richtiges Atmen wird das Becken weich und es wird Raum gegeben für die Geburt.

Auch Barbara konnte Raum schaffen, ihren Körper wahrnehmen und seit Langem wieder mit ihrem Körper direkt in Kontakt treten. Das war dann auch über viele Stunden therapeutischer Begleitung notwendig, damit sie wieder Kraft und Sicherheit erlangen konnte für neue und für sie passende Lebensentscheidungen.

Kommt es zum Stillstand, ist vor allem das Kind gefährdet,

zu wenig Sauerstoff zu bekommen. Kommt das Kind plötzlich und zu schnell, kann es böse Verletzungen geben für Mutter und Kind. Geburt braucht Zeit, Rhythmus, Pausen und professionelle Begleitung. Geburt hat ein klares Ziel, ein gesunder Mensch soll zur Welt kommen, und dafür nehmen Eltern und Kind so manche Strapazen in Kauf, für diesen Übertritt in einen neuen Lebensabschnitt.

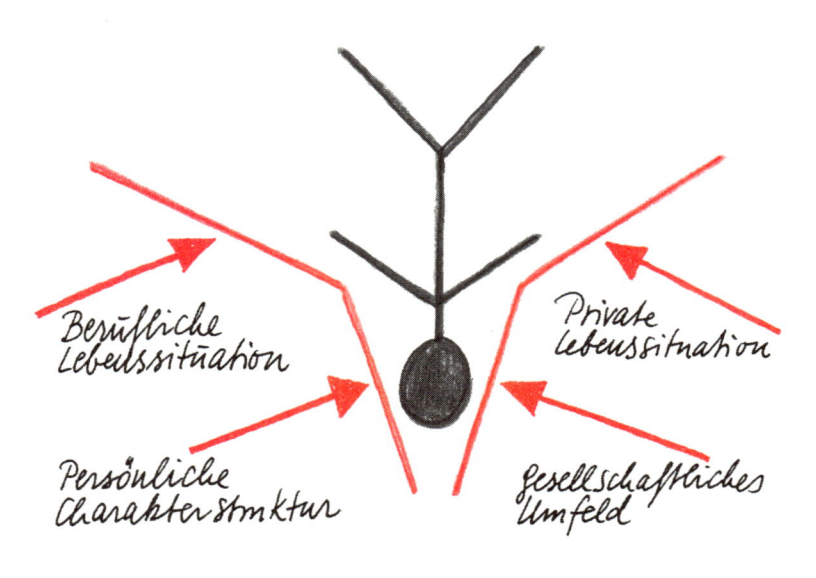

Mögliche Burnout-Ursachen

Während des Geburtsvorganges hat ein Kind ca. 180 Pulsschläge pro Minute, die Schädelknochen sind zusammengeschoben, enormer Druck wirkt von allen Seiten auf das Kind ein. Es ist finster und eng, es gibt auch kein Zurück. Erst mit dem Geborenwerden entfaltet sich der ganze Körper, die Lungen gehen auf, der Kreislauf stellt sich um und das Menschenwesen findet sich in einem komplett neuen Lebensumfeld wieder, auf der Welt gelandet.

Beim Burnout gibt es auch so einen »Point of no return«. Ein Burnout baut sich über Monate, manchmal über Jahre, aus Situationen der Dysbalance und Unstimmigkeiten auf. Und irgendwann gibt es jene Situation, in der es in der bisherigen Ereigniskette kein Zurück mehr gibt. Sowohl auf der körperlichen als auch auf der Verhaltens- und emotionalen Ebene kommt es zu unmissverständlichen Signalen: Schlafstörungen, Nachtschweiß, Ängste und Panikattacken, Suchtverhalten, erhöhte Reizbarkeit, chronische Müdigkeit, Konzentrationsprobleme, Stimmungsschwankungen, Infektanfälligkeit, verminderte Leistungsfähigkeit und vielfache Beschwerden auf der Körperebene! Im Fall von Barbara kam es zu chronischen muskulären Verspannungen, Gastritis, Verdauungsproblemen und Libidoverlust. Der Körper verfügt über eine Fülle von Möglichkeiten, um zu signalisieren, wann wir zwar funktionieren und überleben, aber nicht das leben, was unserem Wesen entspricht. Es ist meist nicht ein Faktor allein, der Menschen in diesen Burnout-Zustand bringt, sondern ein Zusammenspiel von mehreren Belastungen.

Berufliche Lebenssituation
◆ Hauptquelle von beruflicher Unzufriedenheit ist das fehlende oder negative Feedback durch Vorgesetzte. Häufig bekla-

gen sich MitarbeiterInnen auch darüber, dass zwar Druck und Arbeitsanforderungen ansteigen, sie sich aber zu wenig informiert fühlen und immer weniger in Entscheidungsprozesse eingebunden werden.
- ◆ Ein weiterer Burnout-Faktor im Unternehmen ist, dass erreichte Ziele mit MitarbeiterInnen nicht gefeiert werden.
- ◆ Ziele und Sinnhaftigkeit der hohen beruflichen Anforderungen werden infrage gestellt und damit auch die Motivation der MitarbeiterInnen, wenn Ziele von den Führungskräften nicht klar kommuniziert werden.
- ◆ Schlechte Konfliktkultur, E-Mail-Terror (Überflutung) und Meetings mit eingeschalteten Handys sind weitere Stressfaktoren in Richtung berufliches Burnout.
- ◆ Es ist bekannt, dass einwöchige Urlaube nur mäßigen Erholungswert haben. Dennoch ist es für viele MitarbeiterInnen schwer, zwei bis drei Wochen Urlaub am Stück zu bekommen.

Private Lebenssituation

Oft erlebe ich genau in diesem Bereich den entscheidenden Druckfaktor, durch den es dann vielen Menschen plötzlich zu eng wird. Auslöser können sein: Unfälle, schwere Erkrankung oder Pflegebedürftigkeit eines Elternteiles, eine Beziehungskrise, Affäre, Hausbau, Umzug, Sorge um die Kinder und vieles mehr. All das sind Belastungen, die wir normalerweise bewältigen können. Beim Burnout besteht das Problem darin, dass der Druck meistens von verschiedenen Seiten gleichzeitig kommt und somit für den Betroffenen keine Lösung mehr sichtbar ist.

Gesellschaft

Wenn bezüglich Selbstwert zu wenig Klarheit besteht und dadurch das Treffen stimmiger Entscheidungen schwierig wird, kann die Gesellschaft mit den zurzeit vorherrschenden Leistungs- und Wettbewerbswerten sowie mit Konsum-, Urlaubs- und Wellness-Zwängen tatsächlich enormen Druck aufbauen. »Status seeker« nenne ich jene Menschen, die ihre ganze Kraft investieren, um gesellschaftlich möglichst hoch positioniert und angesehen zu sein – bis hin zur totalen Erschöpfung –, aber nie damit zufrieden sein können, wo sie gerade gelandet sind.

Die Persönlichkeit – die persönliche Charakterstruktur
Ich kann beispielsweise gelernt haben:
- »Ich muss jede Krise alleine bewältigen, darf ja keine Schwäche zeigen, nur nicht um Hilfe bitten …« oder
- »Je besser ich funktioniere, umso mehr Anerkennung bekomme ich. Nur im Druck bin ich leistungsstark …« oder
- »Druck gilt es auszuhalten, möglichst dabei lächeln und alles in Ruhe und brav abarbeiten, mir ja nichts anmerken lassen, auch vor meinem Partner/meiner Partnerin gilt es, dieses Theater zu spielen …« oder
- »Wo Druck ist, da schreie ich laut um Hilfe, Druck halte ich überhaupt nicht aus, das heißt je mehr Druck, umso mehr Ersatz brauche ich. Man gönnt sich ja sonst nichts« – ein guter Spruch in Richtung Ersatzhandlung, die bis zur Sucht auswachsen kann: Essen, Trinken, Naschen, unkontrollierter Fernsehkonsum, Zigaretten, sogenannte »Hobbys«, die ins Unmaß ausarten usw.
- »Auf Belastung reagiere ich mit Flucht, Abwesenheit, ziehe mich zurück, mache mich unberührbar und baue mir meine eigene Fantasiewelt auf.«

Wenn jemand einmal so »drinnensteckt im Trichter«, wie das bei Barbara der Fall ist, dann gibt es meistens auch kein Zurück mehr.

Dann geht es darum, wie man den Trichter so »weiten« kann, dass ein Durchkommen mit einer stimmigen Lösung und wenig Verletzung möglich wird. Es geht deshalb um neue Sichtweisen und ein Werteverständnis, das Veränderung und Entwicklung ermöglicht, nicht mehr um Aushalten und Durchhalten, sondern darum, sich auf den Prozess der Veränderung einzulassen.

»Es ist gut, vor Entscheidungen den Abschied zu üben«, sagt Waldefried Pechtl[5]. Abschied bedeutet auch Risiko, auch Verzicht, und ist gleichzeitig Voraussetzung, um entschieden die Tür in eine neue Richtung und Perspektive aufzutun.

Mit Risiko meine ich, dass ich Sicherheiten, Gewohnheiten, Vernünftiges, alte, vertraute Muster »aufgeben« muss, um frei und offen zu werden für Neues. Genau das ist die Risikozone. Es gibt keine Garantie, dass das Neue besser als das Alte ist, und deshalb sagen viele: »Dann bleib ich lieber gleich in meinem Geburtskanal stecken. Es ist zwar eng, aber ich kann wenigstens jammern, wenn ich schon keine Entscheidung zusammenbringe.« Die chronifizierte Enge macht mutlos und nimmt Vitalität, Kreativität und Elan zur Entwicklung und Veränderung.

Es müssen Masochisten sein, die lieber im Geburtskanal stecken bleiben. Sie sind anstrengend für sich selbst und ihr Umfeld und sie leben auch mit einem Risiko, dem hohen Risiko von Verletzung, Krankheit und Starre. In diesen Momenten brauchen sie Hilfe! Hier bedarf es professioneller Hilfe, es braucht aber auch Gemeinschaft, die trägt, und es geht vor allem darum, Hilfe anzunehmen.

---

5 Dr. phil. Waldefried Pechtl, 1944–2001, Autor, Lehrtherapeut für bioenergetische Analyse, Organisations- und Personalentwickler.

Um also vom »Burnout« zum »Reborn« zu gelangen, braucht es auch Abschiede und Entscheidungen, genauso wie in jedem unserer Lebensübergänge, wie Geburt, Pubertät, Adoleszenz, Familiengründung, Berufseintritt, Elternschaft, Wechseljahre, Berufsausstieg, Pension, Altern, Sterben und dem letzten Übergang, dem Tod – und jeder dieser natürlichen Lebensübergänge ist ein Übungsfeld.

Barbara hat sich auf den Weg gemacht, den Burnout-Trichter zu weiten und hat begonnen, mit sich in Kontakt zu kommen, um sich zu spüren. Sie konnte sehr bald klare Bedürfnisse und Ziele formulieren. Reflektiert und strukturiert, wie sie ist, hat sie die nächsten Schritte ganz klar gesetzt. Als erste Maßnahme hat sie sich eine zweimonatige Auszeit von ihrer Firma erkämpft, um aus der Erschöpfung herauszukommen, ihre körperlichen Beschwerden zu lindern und mithilfe eines regelmäßigen Coachings für sich zu definieren, wie sie leben möchte.

Das erste Risiko war, von der Firmenleitung »mitten in der Krise« klar und bestimmt die Auszeit zu fordern und durchzusetzen. Barbara gelang dies gegen den Widerstand ihres Vorgesetzten. »Burnout, das ist bloß ein Modebegriff, das trifft immer nur die Schwachen, so was gibt's doch nicht«, war der Kommentar ihres Chefs.

Das zweite Risiko bestand für Barbara darin, dass sie sich für ihr definiertes Ziel entschied: »Ich will ein Leben führen, das mir entspricht, und ich habe Sehnsucht nach Beziehung und Familie.« Sie entschied sich für eine reduzierte Arbeitszeit auf wöchentlich maximal 30 Stunden, um für sich persönlich endlich die ersehnten Freiräume zu haben.

Das dritte Risiko und eine weitere Entscheidung für Barbara war, ihren Partner mit ihren Zielen und Sehnsüchten zu konfrontieren und mit ihm gemeinsam einen Weg zu gehen, wo geplante Freiräume zu zweit, Dialog, Begegnung und eine lebendige Beziehung Platz haben. Barbara wusste nicht, ob und wie ihr Partner darauf reagieren würde. Sie riskierte damit eine Beziehungskrise, weil sie im Vorhinein die Reaktion des Partners nicht abschätzen konnte. »Wird er mich verstehen? Wird er von mir enttäuscht sein? Wird er mich noch weiterhin mögen?« Viele Fragen, die Angst machen können und ohne professionelle Hilfe oft Grund dafür sind, nichts zu verändern und im »Trichter« weiterhin stecken zu bleiben.

Das vierte Risiko, auf das sich Barbara eingelassen hat, war ihr Umfeld, die Gesellschaft, ihren Freundeskreis insofern zu enttäuschen, als sie ihnen nichts mehr vormachte. Das könnte sie Freundschaften kosten, könnte ihr aber auch neue Freundschaften, neue Beziehungen bringen. Barbara wusste mittlerweile, wozu sie Ja sagte, deshalb konnte sie auch Nein sagen und riskieren.

Tatsächlich stellte sie mit ihrem körperlichen und seelischen Zusammenbruch ihr gesamtes Lebenskonzept infrage. Sie nutzte es gut für sich und konnte im Laufe eines Jahres schrittweise wieder für sich zu einer bewussten und stimmigen Lebensgestaltung gelangen.

Spannend ist, dass für das »Reborn« genau jene Faktoren wieder bedeutsam sind und helfen, die zum Burnout geführt haben:
◆ Führungsfähige ManagerInnen mit entsprechendem Menschenbild werden Verständnis haben für ihre MitarbeiterIn-

nen und werden in der Krise Unterstützung anbieten und durch Dialog mit den MitarbeiterInnen einen Arbeitsplan entwickeln, der für beide Seiten zufriedenstellend ist. Darüber hinaus wird diese gute Führungskraft in Barbara in Zukunft eine noch mehr motivierte Kollegin haben, mit guter Identifikation für das Unternehmen und dessen Ziele. Und Barbara wird die Sicherheit haben, dass ihr Chef/ihre Chefin nicht für Bilanzen und kurzfristige Erfolge über die Interessen der MitarbeiterInnen hinwegsteuert.

- Die Auseinandersetzung zwischen Barbara und ihrem Partner kann eine Chance sein, die Beziehung von einem funktionierenden Nebeneinander wieder zu einer lebendigen Beziehung werden zu lassen. Voraussetzung dafür wird sein, dass beide ihr Leben so gestalten, dass Energie, Zeit und Raum für Begegnung und Dialog und gemeinsame Erlebnisse da sind. Eine lebendige, erfüllte Partnerschaft ist ein wichtiger Haltegriff auf dem Weg ins »Reborn«.
- In ihrem veränderten sozialen Umfeld kann Barbara neue Kontakte knüpfen, Menschen mit anderen Lebenszielen und Wertvorstellungen kennenlernen. Sie kann ein soziales Netzwerk gestalten, in dem Freundschaften lebbar sind, die sicher auch in Krisen halten. Durch ihre persönliche Veränderung wird sie zunehmend Menschen kennenlernen, die Ziele und Wertvorstellungen haben, die auch den ihren entsprechen.
- Letztlich kann sich aus der Überlebensstruktur einer kontrollierenden und »perfekt funktionierenden« Frau ein neuer, lebendiger und spontaner Barbara-Anteil entwickeln, impulsiv und spielerisch – sodass zum erlernten Überlebensmuster ganz neue, bereichernde Entdeckungen und Geschenke in ihr Leben gelangen.

Barbara hat sich für ihren Weg aus der Krise professionelle Hilfe geholt. Die Kreuzschmerzen besserten sich nach wenigen Stunden, hat sie doch für sich einen neuen Lebenssinn, eine Zielausrichtung definieren können und sich damit bald von perspektivenloser Erschöpfung befreit.

Sie konnte aus ihrem Überlebensmuster aussteigen, weil sie für sich entdeckt hat, wohin sie sich gezogen, wovon sie sich angezogen fühlte, und weil sie für sich eine eigene Sinnperspektive definieren konnte. Eine stimmige Zukunft gestalten heißt Entscheidungen treffen

- ◆ für mich,
- ◆ für meine Beziehungen und auch
- ◆ für meinen beruflichen Weg!

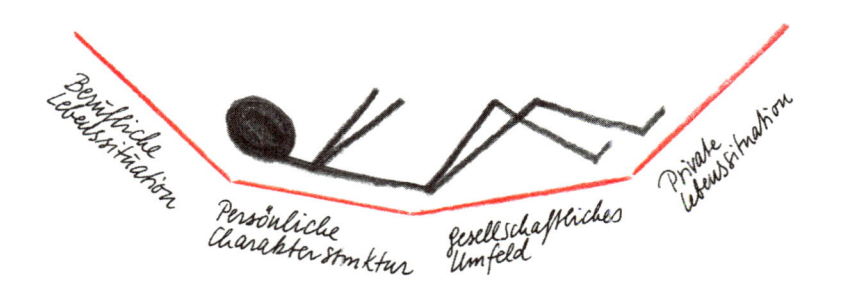

Auffangnetz: Reborn

Erst mit der getroffenen Entscheidung tun sich neue Freiheiten auf. Gefangen ist die Unentschiedene. Sie bangt um eine Freiheit, die sie noch gar nicht erlebt hat.

Vor wenigen Wochen konnten wir die über ein Jahr dauernde Begleitung beenden. Ich erinnere mich an die Abschiedsstunde, zu der die sonst immer überpünktliche Barbara 15 Minuten zu spät kam. »Entschuldigen Sie vielmals, ich bin dieses Mal mit meinem Mann zu Ihnen gefahren und wir haben uns am Weg zu Ihnen so verplaudert, dass wir die Zeit ganz vergessen haben«, sagte Barbara lächelnd. Sportlich gekleidet, ganz ohne Notizen und ohne Konzept, ist sie in bester Stimmung in meiner Praxis erschienen. Das Zuspätkommen von Barbara habe ich in diesem Fall als Behandlungserfolg gewertet. Barbara hatte für die Therapie immer eine weite Anreise auf sich genommen und wollte den Abschluss ihrer Behandlung gemeinsam mit ihrem Mann feiern. Nichts war mehr zu sehen von einer verspannt und steif sitzenden Frau. Wir hatten in dieser Stunde viel Spaß, ich erlebte eine herzlich lachende Barbara, der ich gerne eine Reihe von guten Lokalen im südlichen Kamptal nannte, wo sie mit ihrem Mann ausgiebig feiern konnte – all das, was ihr auf dem Weg aus der Krise gelungen ist.

Entschieden

... bin ich
wenn ich
auch zurücklassen kann

... hab ich gelernt
mich zu
verabschieden

... bin ich
kräftig vorwärts
zu gehen

... hab ich ein
Ziel vor Augen

... spür ich
die Freiheit
des Entschiedenen

... hab ich mich,
Entscheidungen zu treffen

... hab ich mich,
der Langsamkeit treu zu bleiben
in aller Bescheidenheit

G.W.

Zittrige Hände hat Nikos nicht

Hans Wögerbauer

Meine Frau und ich verbrachten einen Abend in einer kleinen Taverne hoch über dem Comos Beach in der Nähe von Pitsidia auf Südkreta. Der Wirt kennt uns schon, haben doch mein Bruder und ich den Großteil unseres ersten Buches »Einfach gut leben« auf seiner Terrasse geschrieben. An diesem Abend lernten wir die Kinder seines Bruders kennen, wahrscheinlich hatten sie schulfrei und mussten im Betrieb mithelfen.

»Ich glaube, dass es gut ist, wenn die Kinder an das Leben gewöhnt werden«, sagte er uns, als er seine drei Söhne zu den Gästen schickte. Der Sohn, der uns bediente, hieß Nikos und war ca. zehn Jahre alt. Er legte die Papiertischtücher auf, fragte nach dem Getränkewunsch, nach den Vorspeisen und brachte das Tablett mit Wasser und Weinkaraffe. Als er mit dem Tablett zu unserem Tisch kam, erinnerten wir uns beide zugleich an ein Erlebnis in einem großen Hotel in Bad Gastein, das wir während eines Winterurlaubes hatten:

Es war Winter, ein schöner Speisesaal, gepflegte Vier-Sterne-Atmosphäre, der Oberkellner nahm die Bestellung auf, der Lehrling brachte uns kurz darauf die Getränke. Er war perfekt gekleidet und servierte unter dem strengen Blick des Oberkellners das

Mineralwasser und die bestellten Gläser Weißwein. Langstielige Weißweingläser und eine Karaffe Wein. Uns tat der 16-jährige Bursche enorm leid, weil er wirklich am ganzen Leib, vor allem aber an den Händen, zitterte. Er trug das Tablett mit beiden Händen, fixierte mit den Fingern eines der Weißweingläser so am Tablett, dass dies der Oberkellner nicht sehen konnte. Er brachte alles tapfer, aber doch etwas verkrampft lächelnd zum Tisch. Mit zittriger Hand schenkte er die Gläser – natürlich von der richtigen Seite – korrekt bis zur Markierung ein, verneigte sich und ging wieder zurück zur Theke.

Muss das denn sein? Dieser sinnlose Stress, wenn Kinder bei Referaten, Musikschulabenden, vor Prüfungen oder, wie bei diesem Erlebnis, beim Servieren von zwei Weingläsern in echte Ausnahmesituationen kommen? Vom Beschwerdebild bis zur Erkrankung, so meinen wir, dauert es zwischen drei und 20 Jahren. Das Beschwerdebild, wie zum Beispiel Zittern, sagt uns doch schon, dass etwas nicht stimmt! Wenn sich der junge Kellnerlehrling unter Stress angewöhnt, das Tablett mit hochgezogenen Schultern zu tragen, angespannt bis in die Fingerspitzen, so darf es uns nicht wundern, dass er später Nackenverspannungen, Sehnenscheidenentzündungen, Kopfschmerzen bekommen wird und er zur Entspannung vielleicht Zigaretten und Alkohol benötigt. Er lernt auf diese Weise, dass der Beruf Stress und Anspannung bedeutet, und wenn der Lehrplatz womöglich sehr schwer zu bekommen war, so darf er natürlich auch niemanden enttäuschen, vor allem die Eltern nicht. Dann nimmt der arme junge Mann den Stress womöglich noch mit nach Hause, beginnt in der Nacht zum Zähneknirschen und alle fragen sich, warum. Und dann erst geht es los: Der Zahnarzt verordnet eine nächtliche Zahnschiene, der Orthopäde sagt: »Na, typisch bei dem Beruf, da benötigt er dringend Physiotherapie und Massagen.« Die Verspannung im Kiefergelenk löst sich nicht, der Irrweg geht weiter. Craniosacral-Therapeuten versuchen ihr Bestes und wegen der entstandenen Durchschlafstörung bekommt er – als »Krone der Therapie« – ein den Durchschlaf förderndes Antidepressivum.

Dieses Szenario mag vielleicht für Sie übertrieben klingen, ist es aber nicht. Würde der Lehrling im Rahmen seiner Ausbildung eine Atmosphäre der Geborgenheit vorfinden, in der Fehler möglich sind, besprochen werden, gemeinsam darüber auch gelacht werden kann, dann wären Zittern und all der unnötige Stress rundherum nicht nötig.

Wir aßen gerade unseren griechischen Salat, als wir den Wirt in der Taverne lachen hörten. Er lachte so laut, dass alle Gäste zur Küche schauten. Er konnte nicht aufhören zu lachen. Seine Frau kam dazu und fragte ihn, weshalb er denn so lache. Als er sich endlich beruhigt hatte, erzählte er und – wir verstehen ja kein Griechisch – es musste enorm lustig gewesen sein, da jetzt die ganze Familie zu lachen begann. Die Situation war so ansteckend, dass jetzt auch die Gäste zu lachen anfingen, obwohl niemand verstanden hatte, worum es ging. Zittrige Hände hatte keines der drei Kinder, ich glaube, sie schliefen auch gut. Auch Zahnschiene, Physiotherapeuten, Craniosacral-Therapeuten und Antidepressiva kennen sie nicht!

Damit hier kein falsches Bild entsteht, ist vielleicht wichtig zu erwähnen, dass ich Kreta nicht idealisieren möchte. Für mich ist diese Insel seit vielen Jahren ein Kraftplatz und wenn ich mich in dieses Umfeld begebe, tauchen viele Bilder auf. Die Bilder sollen als Metapher verstanden werden, als Erklärungshilfe für Zusammenhänge, die schwer in Worte zu kleiden und doch so wichtig sind. Sie sollen helfen, die komplexen Zusammenhänge des Krankwerdens und Gesundwerdens zu verstehen. Denn eine Tatsache ist nicht zu leugnen: dass Angsterkrankungen, neurotische Störungen, Depressionen, Orientierungslosigkeit sowie Essstörungen, Drogenkonsum und auch Burnout bei uns immer noch im Ansteigen sind. Was mich traurig stimmt, ist die Tatsache, dass all diesen Krankheitsbildern nur eines zugrunde liegt: die große Sehnsucht nach gelingenden Beziehungen auf Basis einer gesunden Ichstärke.

Der kleine Vogel

GEORG WÖGERBAUER

Aus einer Tagebuchaufzeichnung für meinen Sohn Niko vom Juni 1990:

Heute hast du mir wieder gezeigt, was es heißt, im Augenblick zu leben. Du hast gestern einen dicken, frechen Spatz entdeckt. Vermutlich ist er aus dem Nest gefallen und du hast ihn uns ganz begeistert gezeigt. Als ich dann am Abend nach Hause kam, stand mitten in der Küche ein Vogelkäfig und ein wunderschönes Nest war mittendrin. Mit Entenfedern hast du ihm das Nest gebaut und zum Nachtmahl bekam er aufgeweichte Haferflocken.

Heute früh war dein erster Weg zum Vogel. Du hast ihn angepiepst und er hat dir geantwortet. Mit einer Pinzette hast du ihm Fliegen und kleine Regenwürmer angeboten und vorsichtig hast du ihn auf deinem Finger sitzen lassen.

Ich wusste, dass der Vogel nicht mehr lange leben würde, und hab dich vorsichtig darauf vorbereitet. Am Vormittag habt ihr dann noch mit ihm gespielt. Mit deinen kleinen Händen hast du ihn gehalten und gewärmt. Du hast diesem kleinen Geschöpf ganz viel geschenkt. Viele Menschen wünschen sich nichts sehnlicher als Wärme, Zuwendung und Gehaltenwerden.

Dann ging's sehr rasch, der Vogel wurde plötzlich schwächer und bekam starke Zuckungen. Da hast du ihm schöne Blumen zum Nest gelegt. Glaub mir, er hat's gesehen und sich gefreut.

Nach einer Weile kam ich in den Garten und spürte, dass es vorbei war. Da bist du gesessen, tief traurig. Den Vogel hast du weich gebettet, mit vielen Blumen umgeben und in einem Styropor-Behälter bestattet. „Warum Styropor?", frage ich. „Damit ihn nicht die Würmer fressen", und schon ist die ganze Traurigkeit aus dir herausgebrochen. Du bist auf meinem Schoß gesessen und beide haben wir geweint.

Dein Umgang mit Tieren und Pflanzen rührt mich und ich spüre, wie viel Mitgefühl du hast. Und wenn du manchmal unzufrieden bist mit dir und deinem Leben, lass dir von mir sagen, du hast schon erkannt, was Leben bedeutet. Du hast schon Begegnungen gehabt, für die es sich lohnt zu leben. Du gehst mit Geschöpfen sehr wertschätzend um, in der richtigen Überzeugung, dass jedes einzigartig ist. Du hast mit deinen fünf Jahren die Schöpfung verstanden. Ich lerne viel von dir und bin sehr glücklich über dich, so wie du bist.

Wir haben heute den Vogel gemeinsam begraben, beim Brunnen neben der Hollerstaude. Die Bauern hier sagen, der Holler wehrt die bösen Geister ab – dein kleiner Spatzenfreund wird dabei mithelfen! Du hast sein Grab mit Steinen eingegrenzt und schöne Blumen, unsere einzigen zwei Rosen, darauf gelegt. Noch ein kurzer Moment Trauer und dann ein neuer Moment, ein nächster, ein neuer Schritt in deinem einzigartigen Menschenleben!

Während ich das aufschreibe, sitzt du bereits vor Vergnügen quietschend in der Badewanne und bist schon wieder so fröhlich und so ganz im Jetzt, wie du vor einer Stunde noch traurig warst.

Zehn Freunde am Comos Beach

Hans Wögerbauer

Bei unserem letzten Kreta-Aufenthalt saßen meine Frau und ich am Comos Beach im Schatten alter Tamariskenbäume. War der Strand Ende Mai noch fast menschenleer, kamen am Wochenende doch einige Urlauber, zumeist Griechen, und campierten von Freitag bis Sonntag.

Neben uns hatte eine Gruppe von zehn jungen Menschen ein großes gemeinsames Zelt aufgebaut und sie saßen gut gelaunt und blödelnd beieinander. Wenn besonders laute Lachsalven aufkamen, sahen wir hinüber und genossen, ohne dazuzugehören, diese Stimmung. Nach einer Weile beschloss die Gruppe, schwimmen zu gehen. An und für sich nichts Besonderes, wenn man an einem warmen Mai-Wochenende am Strand liegt. Wäre da nicht einer der Freunde querschnittsgelähmt gewesen. Bis zu diesem Zeitpunkt ist uns dies überhaupt nicht aufgefallen, da alle im Sand vor dem Zelt gesessen sind. Mit der größten Selbstverständlichkeit der Welt wurde der junge Mann auf einen Spezialwagen mit breiten, gelben Reifen gehoben und im Lauftempo mit viel Lachen ging es Richtung Meer. Jetzt wurden wir natürlich neugierig und beobachteten gespannt und mit viel Freude diese Szene. Ungebremst ging es ins Wasser. An diesem Tag war der Wellengang ziemlich hoch. Mit einem Ruck wurde er mit der ersten Welle vom Wagen gespült, war kurz unter Wasser, um dann aber gleich mit den anderen mitzuschwimmen. Wir hörten die jungen Menschen lachen, es war ein wunderschöner Anblick. Gespannt warteten wir, wie der querschnittsgelähmte Mann bei diesem relativ hohen Wellengang wieder auf seinen Wagen gehoben wurde. Es waren tatsächlich mehrere Anläufe notwendig, weil der Wagen wegen der großen Wellen immer wieder umgeworfen wurde. Die ganze Gruppe hatte so viel Kraft und Energie, dass die Situation auch auf uns nicht im Geringsten bedrohlich wirkte. Schlussendlich gelang es ihnen, ihren Freund mithilfe einer Welle auf den Wagen zu heben und gleichzeitig hinauszufahren. Die Gruppe lief gemeinsam mit ihrem Freund wieder zurück zu ihrem Platz.

Unter den Tamariskenbäumen angekommen, begann einer der Freunde eine große Wassermelone aufzuschneiden, die anderen bemühten sich, wegen des stärker werdenden Sturmes das Zelt an den Bäumen zu befestigen, und die Freundin des querschnittsgelähmten Mannes trocknete ihn mit viel Zärtlichkeit ab. Sie lachten, umarmten sich, ein ganz normales verliebtes Paar. Die sogenannte Behinderung stand in keiner Sekunde irgendwie im Vordergrund. Kurz danach verspeisten alle ihre Wassermelone, meine Frau und ich vertieften uns wieder in unsere Bücher, nur wenn besondere Lachsalven an unser Ohr drangen, sahen wir wieder zu dieser Runde.

Hier ging es nicht um Integration eines behinderten Menschen. Nicht eine Sekunde hatten wir das Gefühl, dass es für die Gruppe eine Besonderheit war, ihren Freund ins Wochenende mitzunehmen. Integration ist ja nur dann notwendig, wenn jemand vorher ausgeschlossen war und wieder in eine Gruppe hineingenommen wird. Dieser Freund war nie ausgeschlossen! Das Schicksal hat ihm leider diese Behinderung beschert. Aber jede Behinderung wird dadurch verringert, wenn sie durch Gemeinschaft und Beziehung getragen wird.

Genau so, wie man bei einer Wanderung auf den Schwächsten Rücksicht nimmt und das Tempo anpasst, wenn kleinere Kinder oder ältere Menschen oder Untrainierte mitgehen, genau so haben uns die zehn Freunde am Comos Beach gezeigt, dass Menschen mit Behinderungen besser leben können, wenn eine gute Gemeinschaft da ist, die sie trägt.

Ich kann mir gut vorstellen, dass die zehn Freunde durch die neu entstandene Situation der Querschnittslähmung ihres Freundes die Wochenenden anders gestalten, als es vor der Verletzung der Fall war. Der Verzicht wird aber dann weniger schwer, wenn die Freundschaft im Vordergrund steht. Beziehung heilt!

Als meine Frau und ich an diesem Abend vom Strand in unser Appartement gingen, waren wir – das gestanden wir uns beide ein – ruhiger und noch besser gelaunt als zuvor. Uns hat erleichtert, miterleben zu dürfen, wie selbstverständlich Menschen mit Behinderung umgehen. Es ergab sich ein Gefühl der Leichtigkeit und der Angstfreiheit. Das Ausgrenzen von Behinderung in unserer sehr funktionalen Gesellschaft löst in vielen Menschen Angst aus. Wie schnell kann jeden von uns ein Schicksalsschlag treffen und wir sitzen querschnittsgelähmt im Rollstuhl. Sollte dies je eintreten, dann wünschen wir uns einen Freundeskreis, wie wir ihn am Comos Beach in Südkreta erleben durften.

Dialog mit Itete

Georg Wögerbauer

Vor fünf Jahren hatte ich die Gelegenheit, mit einer Gruppe von Ärzten eine Reise nach Tansania und Mosambik zu machen. Drei Wochen lang besuchten wir zahlreiche Projekte medizinischer Entwicklungshilfe in diesen Ländern Ostafrikas. Wir waren täglich konfrontiert mit Menschen, die um ihr Überleben kämpften. Malaria, Aids, Tuberkulose, Fehl- und Unterernährung, Überflutungen und Trockenzeiten sind ständig präsente existenzielle Bedrohungen für diese Menschen. Fast liest sich das zynisch aus der Feder eines Privilegierten, der in einem der reichsten Länder der Welt lebt. Ich bin in den ärmsten Gegenden Afrikas Menschen begegnet, die mich in ihrer Lebendigkeit und Beweglichkeit so beeindruckt und berührt haben, dass mich seither eine Art »Afrikavirus« befallen hat. Dieser »Afrikavirus« hat nichts mit Tropenhut, Großwildjägerei und Erlebnissafaris zu tun, sondern ich konnte dort Menschen begegnen, die mit ihrer Offenheit, Fröhlichkeit, Ruhe und Absichtslosigkeit in mir Heilung bewirkten.

Ich fühle mich diesen Menschen, denen ich inzwischen schon mehrmals begegnet bin, so verbunden, dass wir mittlerweile regen Austausch suchen. Die Menschen dort haben Ziele, bescheidene Ziele, für die sie leben und arbeiten. Es geht ums tägliche Essen, Schulgeld für die Kinder, gesundes Wasser, Medikamente und Pflege für die vielen Kranken in ihrer Gemeinschaft. Es geht ums Überleben, und dennoch leben sie bunt, bewegt, lachend, feiernd und trauernd. Nicht sie stellen Bedingungen an das Leben, sondern sie antworten täglich auf Bedingungen, die ihnen das Leben stellt. Bruder Samuel, ein Franziskaner, hat im Süden Tansanias in dem Ort Itete, einer Art Streusiedlung mit ca. 16.000 Bewohnern, gemeinsam mit seinen Brüdern ein Haus für Aids-Waisenkinder aufgebaut. Die Gemeinschaft nimmt die Kinder in die »Nazareth-Community« auf, lebt mit ihnen und sorgt für Ernährung und Bildung. Viele der Kinder gelangen in diese Gemeinschaft, nachdem ihre Eltern verstorben sind, oder Bruder Samuel nimmt sie halbverhungert von der Straße mit, um sie gesundzupflegen. In Itete besteht eine hohe Aids-Durchseuchung. Das Verständnis für die Ausbreitung von Aids ist in der Bevölkerung weitgehend noch nicht vorhanden. Vor allem entlang der Reiserouten und im Umfeld großer Plantagen, wo südafrikanische Gastarbeiter in die Region einpendeln, wird durch sexuelle Aktivität Aids übertragen. Ich habe dort Familien gesehen, in denen Großeltern Pflegeverantwortung für viele ihrer Enkelkinder übernehmen müssen, ohne Einkommen! Ihre eigenen Kinder, die Eltern der Kinder, sind längst verstorben.

Nach meinem ersten Kontakt in Itete habe ich Bruder Samuel beim Verabschieden versprochen, wiederzukommen. Das Engagement, der Lebensmut, das bedingungslose Ja dieser ärmsten Menschen zum Leben haben mich berührt und begeistert. Ich habe gespürt, dass diese Menschen in ihr Leben etwas integrieren können, wonach ich suche, und dass auch ich ihnen etwas geben kann, wonach sie suchen. Ich wollte deshalb mit diesen

Menschen wieder in Kontakt, in Dialog treten. Schon ein Jahr nach meinem ersten Besuch in Itete durfte ich mit meiner Familie für einige Zeit bei den Waisenkindern von Itete wohnen. Wir haben miteinander gegessen, gesungen, gespielt und viel erzählt, gelacht sowie bei der bescheidenen Ernte mitgeholfen. Obwohl viele Menschen dort in existenzieller Armut leben, strahlen sie eine bedingungslose Bejahung zum Leben aus, womit sie uns selbst täglich beschenken.

Zum Abschied haben wir für die Kinder von Itete folgenden Text geschrieben und ihn ihnen vorgelesen:

Für die Kinder von Itete

Wir bewundern eure Kraft,
eure Fröhlichkeit
und wie ihr Gemeinschaft lebt.
Wir bewundern,
wie ihr zusammen arbeitet.
Wir schätzen den wunderschönen Ort, an dem ihr lebt.
In der Nazareth-Gemeinschaft
habt ihr alle ein neues Zuhause gefunden.
Wir wünschen euch –
dass ihr alle eine gute Ausbildung bekommt,
damit ihr fähig werdet, euren Weg zu gehen;
und wollen euch dabei, so gut wir können, unterstützen.
Wir bedanken uns bei euch,
wie ihr uns in eurer Gemeinschaft aufgenommen habt.
Und wir wollen dieses Geschenk mit nach Europa nehmen,
euer Geschenk Gemeinschaft und Fröhlichkeit,
das wir zu Hause so dringend benötigen.

Auf unsere Frage, was wir denn für sie tun können, wenn wir zurück in Europa sind, erhielten wir eine klare Antwort, nämlich den Auftrag, den wir auch zum Titel des Aids-Waisenprojektes gemacht haben:

Erzählt, dass es uns gibt!

»Karibu« – der Gruß in Kisuaheli – bedeutet: »Gut, dass du in meiner Nähe bist!« – heißt auch: »Gut, dass du mit mir in Dialog treten willst!« Es gibt vieles auszutauschen und vieles voneinander und miteinander zu lernen.

Der bei uns in Europa gepflegte Gesundheitsbegriff ist eng und Angst machend. Er nimmt den Menschen leider immer noch zu sehr ihre Eigenkompetenz und Eigenverantwortung. Mit Gesundheit assoziieren wir in Europa Vorsorgemedizin, Risiko-Screenings, Abstinenz, Verzicht, Hometrainer und Funktion. Im Vordergrund stehen bei diesem engen Gesundheitsverständnis die Korrektur erhobener Blutbefunde und die Forderung, »den inneren Schweinehund« immer wieder zu besiegen. Ein Gesundheitssystem, das uns vorwiegend auf Körperfunktion und Leistungsfähigkeit reduziert, verführt zu einer kranken Ich-Bezogenheit und schafft eher funktionierende und einsame, denn lebendige und zufriedene Menschen.

Gesundsein im ganzheitlichen Sinn hat mit Beziehung, Solidarität, Kommunikation, Spiritualität, sozialer und emotionaler Intelligenz, und in einer zunehmend globalisierten Welt auch mit Umverteilung zu tun.

Umverteilung heißt nicht nur, von unserem Zuviel, das uns krank macht, denen zu geben, die krank sind, weil sie zu wenig zum Leben haben. Umverteilung heißt auch: Was können wir von den Menschen zum Beispiel in Itete lernen? Ich denke an dieser Stelle:

- im Hier und Jetzt zu leben
- Fröhlichkeit und Herzlichkeit
- soziale Kompetenz
- Beweglichkeit
- Bescheidenheit
- einfaches Leben
- zu reduzieren und zu improvisieren
- ressourcenbewusst zu leben
- uns gegenseitig Heilungsimpulse zu geben

Die wertvollste Ressource, die uns geschenkt ist, ist unser Körper, unsere Lebenszeit, unsere gelebten Beziehungen und unser Lebensraum, den wir genauso wertschätzend und achtsam pflegen sollten wie uns und unsere Beziehungen.

Im Dialog mit den Menschen der südlichen Hemisphäre können wir viel über ressourcenbewusstes Leben lernen. Voraussetzung dafür ist, dass wir Afrikaner in Europa so begrüßen, wie Afrikaner uns Europäer begrüßen: »Gut, dass du in meiner Nähe bist!« – und das ist schon ein heilsamer Beziehungsraum. Wenn wir uns mit Karibu-Qualität begrüßen, dann können wir voneinander lernen und aneinander heilen.

Ich träume von einem Solidartourismus, wo sich Begegnungsräume öffnen und Menschen sich wieder gegenseitig beschenken können.

In der Entstehungsphase dieses Buches haben uns Bruder Samuel und Jacki, einer der Waisenknaben aus der Gemeinschaft von Itete, in Österreich besucht. Berührt denke ich an die vielen Momente heilsamer Begegnung zurück:

- Als die beiden mit lautstarkem Applaus von uns in der Empfangshalle am Flughafen in Wien-Schwechat begrüßt wurden, fiel uns Samuel weinend in die Arme. Wusste er doch zu genau, wie schwierig es für uns war, ein Einreisevisum nach Österreich zu besorgen. Afrikaner werden in Österreich leider üblicherweise ganz anders begrüßt! Statt Schubhaft gab es Applaus und die Beschenkten waren wir!
- Ich schaute mich immer wieder nach dem Reisegepäck der beiden um. Sie besaßen kein Reisegepäck. Das einzige, was sie mitbrachten, waren Mehl und Reis von der heuer mäßig guten Ernte – als Gastgeschenk für uns!
- Ich denke auch daran, wie der 17-jährige Jacki bei einer Benefizveranstaltung in Wien vor 150 Leuten seinen Arbeitsalltag erzählte, der um 5 Uhr in der Früh beginnt und bis abends um 22 Uhr dauert und während dessen er große Verantwortung für viele Kinder trägt. Ich habe die Augen vieler bewegter Menschen vor mir, die ihm zuhörten und versuchten, die Lebensrealität von Menschen aus einem der ärmsten Länder der Welt zu verstehen.
- Ich erinnere mich an viele heilsame Momente des Dialogs, in denen Schuldirektoren, ORF-Moderatoren, Disco-Besitzer, Krankenhausmanager, Waldviertler Bauern den beiden Afrikanern begegneten und die notwendige Umverteilung schon im Moment der Begegnung gelungen ist.
- Ich denke an die Frau im Handarbeitsgeschäft, die mir den Reißverschluss für Samuels einzige Hose bereitwillig schenkte, und ich denke an jene Frau, die den Reißverschluss liebevoll einnähte.
- Und ich erinnere mich an jenen Moment, als wir Jacki zum 17. Geburtstag blaue Fußballschuhe schenkten und für ihn san-

gen. Und ich vergesse nie den Ausdruck in den Gesichtern der beiden Afrikaner. Samuel sagte an dieser Stelle: »Jacki, du brauchst nie wieder das Lied der Aidswaisen zu singen. Du hast mit dieser Reise wieder Eltern bekommen!«

- »It's a spiritual journey!«, sagte mir Bruder Samuel bewegt, als er mit den Bauern von Pernegg Erntedank mitfeiern durfte.
- Und so war es auch, als Samuel und Jacki mit viel zu viel Gepäck abreisten. Die Fluglinie wollte uns für das Übergepäck mehr als 1.000 Euro verrechnen. Ich führte ein kurzes Gespräch mit dem Leiter der zuständigen Fluglinie und mit dem Wunsch für eine gute Reise strich er den beiden Afrikanern sämtliche Kosten für das Übergepäck!
- In den 14 Tagen, die wir unsere afrikanischen Gäste durch Österreich begleiteten, erlebten wir unzählige Momente von tiefer Berührtheit, Augenblicke von wertschätzender Begegnung – Momente der Heilung!

Heilungsräume tun sich dort auf, wo wir uns dialogisch begegnen, bereit, voneinander und miteinander zu lernen und auch bereit, das Haben und das Sein auszutauschen und zu ergänzen.

Mehr dazu unter *www.dialogmititete.at*

Was zählt

sind die Umarmungen
die ehrlichen Momente
tiefer Berührtheit
die Situationen
wo's mir die Stimme verschlägt
die Tränen,
die ich mir erlaube zu zeigen

das Lachen und Halsen
das Spielen und Tanzen
die begeisterten Augen meiner Kinder
die Liebe, die sie geben können

Momente der Zweisamkeit
die Gewissheit, geliebt zu sein
Vertrauen in eine göttliche Kraft,
die trägt und hält

die Gewissheit und Gelassenheit
nicht für alles verantwortlich zu sein
und dennoch

zu geben, zu lieben
verstehen – solidarisch zu teilen
was uns allen
geschenkt ist

G.W.

Niemand singt so schön wie Fredy

Über den Umgang mit den eigenen Behinderungen

Hans Wögerbauer

In der Sonntagsmesse treffen meine Frau und ich häufig Fredy. Fredy ist ein Mann um die 50, mit schweren Behinderungen. Infolge von Spastizität fällt ihm das Gehen schwer und er kann die Arme nur schwer koordinieren. Fredy kommt meist in Begleitung einer Frau, die selbst behindert ist und im Rollstuhl sitzt. Er lässt es sich nicht nehmen, den Rollstuhl seiner Partnerin zu führen. So steht seine Partnerin mit ihrem Rollstuhl im Mittelgang der Kirche und er setzt sich mit der ihm typischen Bewegung in die Bank.

Es liegt doch im Wesen der Natur, die selbst niemals perfekt sein kann und in ständiger Entwicklung ist, dass jeder Mensch seine ihm eigene Behinderung hat. Der eine sieht schlecht, der andere ist schüchtern oder versteckt seine Schwäche in Arroganz und übertriebener Lockerheit. Wieder ein anderer hat einen Unfall erlitten und sitzt im Rollstuhl, ein anderer ist durch verschiedenste Umstände dem Alkoholismus verfallen oder leidet an Zigaretten-, Arbeits- oder Drogensucht. Wieder andere müssen ihre Behinderungen durch übergroße Leistungen kompensieren und sich, bedingt durch ihre narzisstische Störung, überall in den Vordergrund stellen. An dieser Stelle könnte ich, so bunt und verschiedenartig wie wir Menschen sind, die verschiedensten »Behinderungen« anführen, wie beispielsweise von Menschen, die große Menschenansammlungen meiden oder sich nicht getrauen zu singen, zu tanzen oder vor einer Gruppe von Menschen zu sprechen. Jeder, ausnahmslos jeder hat neben seinen Stärken auch seine Behinderung zu tragen und genau diese Behinderung ist zugleich auch unsere Wachstumsmöglichkeit.

Versuchen Sie selbst einmal kurz nachzudenken, welche Ihre »Behinderung« ist und wie Sie damit umgehen.

Schwäche und Behinderung sind in unserer perfektionistischen, leistungsorientierten Kultur aber störend. Deshalb versuchen wir, unsere »Störungen« zu vertuschen, zu maskieren, zu leugnen oder einfach nicht wahrzunehmen. Das gelingt oft dadurch, dass wir uns Verhaltensweisen aneignen, die sich später zu Charaktertypen auswachsen können, wenn der eigenen Reflexion zu wenig Raum gegeben wurde. Diese Vermeidungsstrategien beeinflussen unsere Stimme, die Haltung, ob wir überall auffallen oder fast unsichtbar sein müssen. Diese Vermeidungsstrategien können auch in Fanatismen und Enge führen, mit dem Wunsch, irgendwo dazuzugehören und Heimat zu finden. Sie können auch dazu führen, immer Neues zu kaufen, weil das Neue »besser«, »fehlerfreier« ist und man sich dahinter auch ein Stückchen verstecken kann.

Nicht so bei Fredy! Fredy braucht sich nicht zu verstecken und hat auch keine Vermeidungsstrategien nötig. Fredy ist ein beeindruckender Mann für mich. Deshalb sitze ich so gerne in seiner Nähe. Mit derselben Selbstverständlichkeit, mit der er trotz seiner Behinderung und mit seinen ganz eigenen Bewegungen die Kirche betritt, singt er auch. Tatsächlich habe ich noch nie in meinem Leben einen Menschen echter, inbrünstiger und in seiner Weise schöner singen gehört als ihn, obwohl seine Stimme durch seine Grunderkrankung beeinflusst ist. Aber Fredy kann herrlich singen, frei und ungestört.

2008 fanden die Paralympischen Spiele in Peking statt. Die Leistungen, die dabei erbracht wurden, und die Bilder, die wir zu sehen bekamen, beeindruckten und bewegten mich sehr. Besonders ein Radio-Interview – ich weiß weder den Namen dieses Olympia-Siegers noch die Disziplin, in der dieser Mann gestartet war – werde ich nie vergessen. Dieser Mann war scheinbar nach einem Unfall querschnittsgelähmt und deshalb benötigte er auch einen Rollstuhl. Ich weiß heute auch nicht mehr den genauen Wortlaut, aber die Botschaft war Folgende: »Wirklich leben und siegen konnte ich erst wieder, als ich keine Sehnsucht nach meinen Beinen mehr hatte.«

Ich glaube, dass es darum geht, die eigene Art der Behinderung wahrzunehmen, zu akzeptieren und mit ihr gut umzugehen, vor allem aber zu einem selbst Ja zu sagen. Deshalb kann Fredy auch so unbeschwert singen, weil er frei ist und er keine Sorge hat, es könnte ihn jemand schief anschauen, verlachen, mustern oder beobachten.

So eröffnet Fredy auch in mir einen Raum der Heilung. Seine freundliche Art und die männlich-starke Entschiedenheit, mit der er sein nicht einfaches Leben meistert und er sich »trotz« Behinderung frei bewegen und herrlich singen kann, machen Mut, auch zu den eigenen Schwächen zu stehen.

Willkommen, Jael!

GEORG WÖGERBAUER

Die Geschichte der Geburt meiner Enkeltochter Jael möchte ich in diesem Buch als Analogie für alle großen Veränderungs- und Übergangsprozesse in unserem Leben verstehen.

Und das ist mein erster Brief an sie:

… Du – Kindeskind – jetzt bist du da!

Dein Vater hat dich mir anvertraut. So ruht dein ganzer Körper auf meinem Unterarm, meine Hand formt eine Schale und hält behutsam deinen Kopf. Noch sind sie außerirdisch, deine Bewegungen, du bist »gelandet« vor zwei Tagen – nach neun Monaten Landeanflug!

Schon in deiner vorgeburtlichen Zeit hast du viel gestaltet und bewegt. Entscheidungen waren notwendig und Abschiede. Klarheiten, nicht nur für deine Eltern, auch du hast dich sorgfältig vorbereitet auf deinen ersten großen Lebensübergang, die Geburt. Hochlebendig hat dich deine Mutter schon vor der Geburt erlebt und Vieles und Großes ist schon entstanden und angelegt, bevor du dich auf den Weg gemacht hast.

Schön war's für mich als werdender Großvater zu beobachten, wie deine Eltern in Vorbereitung auf deine Geburt ihr Lebenstempo langsam reduzierten, was wichtig ist für Übergänge, und sich so auf dich vorbereiten konnten. Ganz leise bist du gekommen und hast doch die Welt um dich herum so grundlegend verändert, eine neue Generation gestartet. Alles in dir, alles an dir drängt ins Leben. Gerade erst geschlüpft, bist du voll in Bindung und findest zielstrebig mit deinen rudernden Bewegungen zur Brust, die dich ernährt. Mit jedem Laut, jeder Bewegung deines Körpers sagst du »Ja« zum Leben. – Und was dir sensationell gut gelingt: Kaum liegst du in meinen Armen, ist meine ganze Aufmerksamkeit bei dir, intensivster Kontakt, wir begegnen uns mit den Augen und ich spüre jede Bewegung deines Körpers, fühle deinen schnellen Atem, deinen kräftigen Herzschlag und bin ganz fasziniert, wie du mich in den Augenblick der Begegnung mit dir holen kannst. Da bist du und da bin ich, dein Opa, du vertraust mir, deine Eltern vertrauen mir und – wie ein großes Geschenk liegst du in meinen Armen. Ich spüre erstmals so etwas wie ein Opa-Gefühl. Du machst mich langsamer, hilfst mir zu reduzieren, mich auf dein Tempo und deine Welt einzustimmen, und nichts kann uns jetzt stören, kein Telefon, kein Zuruf, jetzt sind wir – du Kindeskind und ich – das Leben.

Zwei Tage nach dieser Begegnung, längst bist du wieder bei deinen Eltern, staune ich über das, was du da bei mir ausgelöst hast. Meine Gedanken nun niederschreibend weiß ich, dass ich, wärest du jetzt da, alles sein lassen würde, nur um dich wieder zu halten. In dieser Begegnung haben wir uns beide beschenkt mit Vertrauen und mit Ruhe. Ich habe dich angenommen und gerne willkommen geheißen als eine neue Generation in meiner Familie und habe auch gerne den Schritt in meine neue Funktion als Opa für dich getan.

Du bist neun Monate gereift in deinem Nest, fast schwerelos dein Zustand, hundert Prozent Geborgenheit und Schutz in engster Verbundenheit mit deiner Mutter. Dieser Schutzraum war wichtig für dich, für deine Entwicklung, wo so viel passiert ist, was nur möglich ist im schützenden Bauch einer Mutter. Wir Menschen brauchen Schutzräume, immer wieder Räume, wo wir uns zurückziehen können von einer sehr umtriebigen und hektischen Welt. Ganz speziell in fordernden Lebensphasen und Veränderungsprozessen sind diese Orte der Geborgenheit, des Schutzes wichtig für uns. Du, Jael, hattest diesen Ort im Bauch deiner Mutter, und das war nicht nur dein Schutzraum, sondern auch dein Beziehungsraum mit dir und ihr. Beziehung, und das hast du schon gut gelernt, braucht Zeit und Raum, und wenn beides so gut vorhanden ist, wie das zwischen dir und deiner Mutter in den letzten neun Monaten war, dann kann so etwas Wunderbares entstehen wie du bist. In jedem Alter brauchen wir Räume, die uns Schutz und Geborgenheit geben für unsere Entwicklung. Zeit und Raum sind wesentlich für Entwicklung.

Du bist entstanden aus der Beziehung deiner Eltern. Irgendwann war dieser ideale Zeitpunkt und Raum und Nähe zwischen deinen Eltern, da bist du entstanden, in einem Augenblick tiefster Nähe und Vertrautheit. So wie du in Beziehung entstanden bist, bist du auch in Beziehung geboren. Ich habe ein Bild vor mir, wie du in meinen Händen liegst, und umso schwerer fällt mir hinzuschreiben, dass du auch in Beziehungen so manche Verletzung erfahren wirst. Ich wünschte, es wäre anders, ich könnte dich so in deinem Beziehungsglück halten und tragen, aber du bist eben ein Menschenjunges und du wirst leider auch mit den Verletztheiten deiner Eltern und den Verletzungen vieler anderer Menschen zu tun haben. Deshalb wirst du gefordert sein, in deinem Leben zu lernen, wie du mit diesen Verletzungen umgehst. Viele

Menschen gehen ihr ganzes Leben lang mit ihren Verletzungen herum, andere umgehen ihre Verletztheit, und dir wünsche ich, dass du lernst, mit den Verletzungen, die dir geschehen, aktiv umzugehen, in dem Sinn, dass du wieder heilen kannst. Was wir Menschen brauchen, damit unsere Verletzungen aus Beziehungen heilen können, das sind wieder heilende Beziehungen.

In Beziehung entstehen wir,
In Beziehung werden wir geboren,
In Beziehung werden wir verletzt,
In Beziehung können wir wieder heilen.

Deinen ersten großen, entscheidenden Übergang, deine Geburt, hast du schon gemeistert. Das war eng, finster und anstrengend, deine Mutter hast du dabei nicht nur an ihre Grenzen gebracht, sondern sie ist deutlich auch über ihre Grenzen gegangen, um dich zur Welt zu bringen. Ihr habt beide viel riskiert und es war eine Art Überlebenskampf, der dich ins Leben geführt hat.

Du wirst in deinem Leben noch mit vielen Übergängen zu tun haben, aber das Wichtigste zum Thema »Krisenmanagement« hast du schon bei deiner Geburt gelernt. Und die Regeln für dieses Krisenmanagement gelten für dein ganzes Leben!

Um dir, Jael, den Übergang ins Leben zu ermöglichen, haben deine Eltern sich professionelle Hilfe geholt. Sie haben eine Hebamme gesucht, der sie vertrauen, von der sie sich führen lassen an der Grenze und über die Grenze.

Deine Eltern haben sich auf die Geburt vorbereitet, nicht nur räumlich, sondern auch mental. Sie haben sich nach außen abgegrenzt, zurückgezogen, waren für viele nicht erreichbar, um sich ganz auf dich und dein Kommen, deinen Übergang zu konzentrieren.

Sie haben ihr Lebenstempo so reduziert, dass sie für die Krise, den Übergang, gut gerüstet waren, und sie haben sich auch auf dein Tempo eingestellt.

Deine Eltern haben ein klares Ziel gehabt, auf das sie sich neun Monate vorbereitet haben. Dieses Ziel wurde auch nicht infrage gestellt, durch deine Lebendigkeit und dein Wachsen hast du sie ständig daran erinnert, dass du kommst. Euch Dreien war klar: Ziel ist deine Geburt und ihr habt alle Kräfte darauf konzentriert – mit Erfolg!

Da gab's dann auch rund um deine Eltern eine große Gemeinschaft von Menschen, die eng mit ihnen verbunden auf dieses Ziel hingelebt haben. Und im Übergang der Geburt haben alle Kraft und Energie geschickt für dich, deine Mutter, deinen Vater, und glaube mir, so eine Gemeinschaft von verbundenen Menschen hat viel Kraft, und sie alle tragen dich und sind wichtig für deine Eltern und somit auch für dich. Es war nicht nur die Gemeinschaft, sondern auch ein großer spiritueller Halt, der dich durch die Geburt getragen hat.

In Lebensübergängen braucht es Vertrauen in die eigene Kraft, in helfende Menschen, in Gemeinschaften, die tragen, und es braucht auch eine klare Fokussierung aller Kräfte auf ein Ziel hin, das zieht und trägt. Und als letztlich die Geburt bewältigt war, du geboren und geborgen zwischen deinen Eltern liegen durftest, da haben sie gefeiert, was gelungen ist. Ein Ziel kann erst als erreicht bezeichnet werden, wenn es durch eine Feier abgeschlossen wird.

Wenn ich deine Eltern erlebe, wie sie stolz mit dir unterwegs sind, dann spüre ich ihre große Dankbarkeit. Auch damit leben sie dir eine hohe Qualität von Krisenkompetenz vor. Es gibt aber auch Menschen, die diese Dankbarkeit nicht so leben können und in der Krise stecken bleiben. Sie bleiben förmlich im Geburtskanal stecken, und das führt zu Verletzungen körperlicher und seelischer Art. Im Leben sind wir immer wieder gefordert, Übergänge zu meistern, sie dann auch gehen zu lassen, wenn das Ziel erreicht ist, und nicht treffsicher gleich wieder in die nächste Krisensituation hineinzusteuern.

Ich wünsche, dass es dir immer gelingt, erreichte Ziele voller Dankbarkeit zu feiern. Ein spezielles Wunder des Lebens ist: Auch wenn wir uns selbst sehr bemüht haben und uns etwas gelungen ist, ist dennoch immer ein mehr oder weniger großer Faktor Geschenk oder Segen mit dabei.

Lass mich meinen ersten Brief an dich mit großväterlichen Wünschen beenden:

Ich wünsche dir segensvolle Begegnungen in deinem Leben mit Menschen, die wertschätzend und liebevoll mit dir sind – Begegnungen und Beziehungen, die immer wieder Heilungsräume auftun.

Ich wünsche dir viel Nähe und Getragensein von deinen Eltern und dass du sie aufsaugen kannst, die ganze Liebe, die sie dir geben.

Ich wünsche dir für deine kleinen und großen Krisen, für deine Situationen im Leben, in denen du radikal gefordert sein wirst, dass du auf das Viele und Wertvolle, das deine Eltern bereits jetzt schon in dich hineingeliebt haben und noch in dich hineinlieben werden, immer wieder zurückgreifen und daraus Kraft schöpfen kannst.

Ich wünsche dir Menschen um dich, die dich verstehen, die dich lehren zu singen, zu tanzen, zu spüren, zu lachen, zu trauern – Menschen, die dich spüren lassen, dass dein Leben ein Geschenk ist, dass du aus deinem Leben ein Fest machen kannst.

Ich wünsche dir, dass deine Fähigkeit zu vertrauen und im Augenblick zu sein möglichst lange erhalten bleibt, dass du viele Menschen anstecken kannst mit deinem Lachen, deiner Offenheit und deinem Staunen.

Ich wünsche dir die Gewissheit, dass schon alles in dir steckt, was du brauchst, um ein erfülltes Leben zu leben, und dass dich deine Beine gesund durchs Leben tragen, wissend, dass du dich jeden Tag neu entscheiden kannst, einen Schritt zu tun oder auch nicht zu tun.

Ich wünsche dir, dass dich deine Eltern so begleiten, dass du achtsam und wertschätzend umgehst in und mit deinem Lebensraum, dass sie dir lernen, die Natur zu genießen, zu erleben, zu erfühlen, zu erriechen und voll Dankbarkeit zu sein.

Ich wünsche dir, dass deine Eltern dir eine Liebesbeziehung vorleben, an und in der du reifen kannst, und dass sie dich hinlieben können zu einem sinnvollen Leben.

Ich wünsche dir Verliebtheiten, Liebesräusche, die du bis in die kleine Zehe spürst, und letztlich möge aus einer Verliebtheit heraus zum richtigen Zeitpunkt eine Liebesbeziehung entstehen, in der du wieder weiterwachsen, lernen, reifen und lieben kannst.

Ich wünsche dir, dass mir die Wunschliste für dich nie ausgeht und dass ich ein Opa sein kann, der für dich da ist, wenn du ihn brauchst.

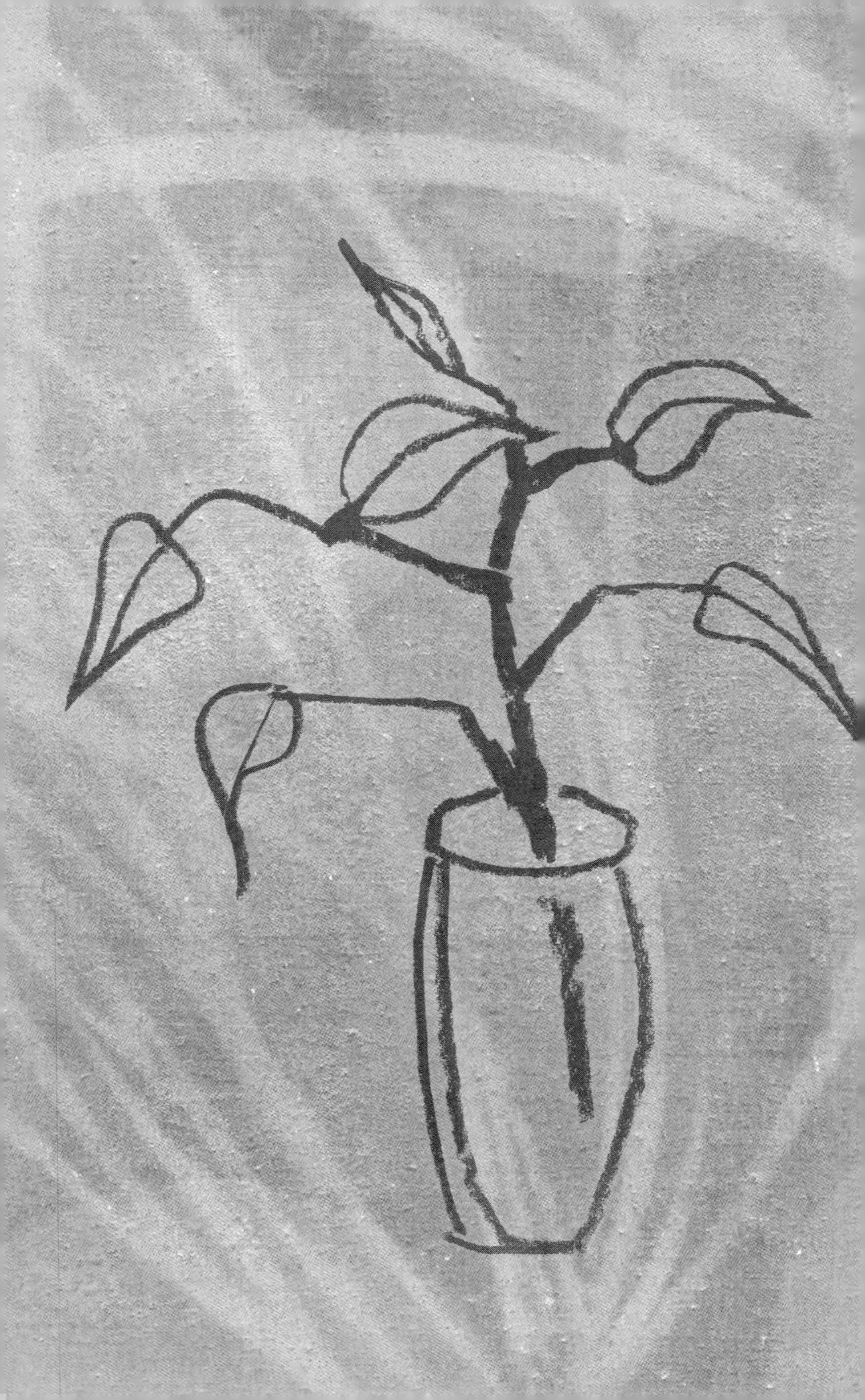

Heilung trotz Krankheit

Hans Wögerbauer

Vor einigen Jahren betreute ich eine 74-jährige Patientin, die an einer fortgeschrittenen Tumorerkrankung litt. Da die Betreuung zu Hause nicht mehr möglich war, entschieden wir uns gemeinsam für die Aufnahme in ein Hospizzentrum der Caritas in Wien. Als ich die Patientin dort besuchte, erlebte ich folgende Geschichte:

Ich kam in ein gepflegtes Einbettzimmer. Die Patientin lag im Bett und wirkte auf mich, obwohl sie stark abgemagert war, sehr zufrieden. Deshalb erlaubte ich mir auch die Frage zu stellen, wie es ihr denn ginge. Die alte Dame drehte sich zu mir, sah mich mit ruhigen, wachen und so schönen Augen an, die nur jene Menschen haben, die stark in sich selbst ruhen und sagte: »Sie werden es nicht glauben, aber mir geht es wirklich sehr gut. Ich bin dankbar, dass ich keine Schmerzen habe, außerdem werde ich hier liebevoll betreut. Ich weiß gar nicht wieso, aber ich bekomme relativ viel Besuch.«

Zur Information sei gesagt, dass diese Patientin nur ganz wenige Verwandte hatte und ihr einziges Kind im Ausland lebte. Ich vermutete deshalb selbst, dass sie wenig Besuch bekäme, und dies war auch der Hauptgrund meines Kommens.

»Vor allem aber«, setzte die Patientin fort, »habe ich jetzt so herrlich viel Zeit, eine Zeit, die ich früher nie hatte.« Die alte Dame drehte sich zu mir, nahm meine Hand und sagte: »Ich muss Ihnen jetzt was ganz Schönes erzählen. Sehen Sie die Blume dort am Fensterbrett?«

Am Fensterbrett sah ich eine Vase mit einem, ich weiß es heute nicht mehr so genau, Gummibaum- oder Philodendronzweig. »Ja«, sagte ich, »meinen Sie die Vase mit dem grünen Zweig?«

Die Patientin sah nicht mehr zu mir, sondern nur mehr zu ihrer Vase und sagte: »Nie hätte ich mir dies in meinem Leben träumen lassen. Ich habe hier so viel Ruhe, dass ich dieser Pflanze beim Wachsen zusehen kann. Ist das nicht wunderbar?«

Die Patientin lag in ihrem gepflegten Bett, sah zu ihrer Vase und lächelte. Ein wunderschönes, zufriedenes Lächeln. Die Ruhe, die Dankbarkeit, die Wahrnehmungsfähigkeit, vor allem aber die tiefe Zufriedenheit dieser Frau beeindruckten mich sehr. Ich spüre heute noch, um wie viel langsamer, ruhiger und zufriedener ich nach diesem Besuch zu meinem Auto gegangen und nach Hause gefahren bin. So ähnlich dürfte es auch jenen Menschen gegangen sein, die sie so gerne besuchten.

Drei Tage später ist die Patientin gestorben. Obwohl zu früh verstorben und obwohl ihr wegen ihrer schweren Erkrankung kein längeres Leben geschenkt war, ist sie – so meine ich – »geheilt« gestorben und hat ihr Ziel erreicht.

Gut

Gut sein lassen
gut genug sein lassen
sein lassen
einlassen ins
gut genug sein lassen
gut genug einlassen

G.W.

Vom Überleben zum Leben

Fünf Szenen aus der Praxis

Georg Wögerbauer

Im Folgenden beschreibe ich fünf Erstkontakte aus der Praxis und skizziere darin auf leicht humoristische Weise verschiedene Überlebensmuster, die sich zu Charakterstrukturen entwickelt haben. An dieser Stelle ist mir wichtig zu betonen, dass ich diese pointierte Darstellungsweise aus rein didaktischen Gründen gewählt habe und keinesfalls durch die Charaktertypisierung einzelne Menschen durch meine detaillierte Beschreibung schubladisieren will. Jede Begegnung mit Menschen, die sich mir anvertrauen, ist für mich Aufforderung für höchste Achtsamkeit und Wertschätzung.

Ich lade Sie nun ein, bei sich selbst zu spüren, in welcher der geschilderten, leicht überzeichneten Szenen Sie sich eventuell wiederfinden können. Es ist auch möglich, dass Sie sich gar nicht, oder auch in mehreren der beschriebenen Charaktertypen entdecken. Meistens ist jedoch eine Struktur dominant, was Sie dadurch gut überprüfen können, wenn Sie aus Ihrer eigenen Lebensgeschichte eine durchlebte Stresssituation abrufen. Beispielsweise:

- Sie haben einen wichtigen Termin und stecken im Stau.
- Sie wollen in einer Versammlung etwas vorbringen, was Ihnen besonders wichtig ist.
- Ein Streit in Partnerschaft oder Familie.
- Ein Kind ist schwer erkrankt und Sie glauben, es wird nicht gut therapiert.
- Sie geraten in eine akute finanzielle Krise.

Wenn wir wirklich in existenziellen Krisen stecken, dann kippen wir meist in eine – wie ich sie nenne – dominante Charakterstruktur oder in ein erlerntes Überlebensmuster.

1. Szene

Um 14 Uhr war mit Frau Dr. X. ein Termin für ein psychotherapeutisches Erstgespräch vereinbart. Ich war, länger als geplant, noch mit einem Patienten im Gespräch, als Punkt 14 Uhr deutlich an meiner Praxistür geklopft wurde. Ich entschuldigte mich bei dem Patienten für die Störung, und als ich die Tür öffnete, stand eine vornehm gekleidete Dame vor mir, freundlich lächelnd, sie begrüßte mich höflich, stellte sich kurz vor und sagte, sie hätte mit mir um 14 Uhr einen Gesprächstermin vereinbart. Sie wolle nur sicherstellen, ob ich da sei.

Mein erster Kontakt zu dieser Frau war eine Entschuldigung ob meiner Verspätung, und nachdem ich den vorangegangenen Termin beendet hatte, begannen wir das Erstgespräch 15 Minuten später als geplant.

Die sehr gebildete Patientin begann unaufgefordert zu erzählen, wie viele Bücher sie schon von Alexander Lowen und über die bioenergetische Analyse gelesen hatte. Sie sei auch gut auf dieses Erstgespräch vorbereitet, sagte sie, und zog sogleich eine Mappe mit Notizen heraus. Danach fragte sie mich auch schon, ob wir heute nicht gleich mit Körperübungen beginnen könnten. Sie hätte jedenfalls extra ein Turngewand mitgenommen, wenn ich ihr nur zeigen würde, wo sie sich umziehen könne.

Ich kam einfach nicht zu Wort, und so ließ ich die Dame, die mir freundlich lächelnd gegenüber saß, einfach weiterreden. Bei Frau Dr. X. passte einfach alles. Sie wirkte sportlich, sah gut aus, stellte kluge Fragen, aber trotz ihrer Freundlichkeit und scheinbaren Offenheit hatte ich zunehmend das Gefühl, als wäre eine Glasscheibe zwischen uns beiden. Es war für mich so, als würde die Patientin eine hohe Energie aufwenden, freundlich und wachsam zu sein, damit nur ja nicht wirklicher Kontakt entstehe. Als ich nach den ersten zehn, nicht sehr beziehungsintensiven, eher unverbindlichen Minuten meine Körperhaltung veränderte und mich ihr ganz leicht zuwandte, um ihr eine erste Frage zu stellen, da stockte sie plötzlich. Ihre sonst eher flache, kontrollierte Atmung stellte sich fast ein und erschrocken fragte sie mich, ob irgendetwas falsch sei, ob sie soeben einen Fehler gemacht habe.

Noch bevor ich antworten konnte, fuhr sie aber fort zu erzählen, dass sie schon mehrere körpertherapeutische Seminare besucht habe, und begann dann gleich damit, sich selbst charakterstrukturell zu beschreiben. Alles, was ich in diesem Moment erreichen wollte, war, einen Kontakt herzustellen. Ein gegenseitiges Wahrnehmen in diesem ersten Gegenübersein. Und tatsächlich, es war so etwas wie ein Gegenübersein, aber ohne Kontakt. Als mir Frau Dr. X. dann in eloquenter Sprache gut und kompakt ihren Lebenslauf erzählte, staunte ich über eine Lebensgeschichte, die voller Erfolg und hervorragender Leistungen war, eine berufliche Karriere, eine funktionierende Familie, tüchtige Kinder und vieles mehr.

Obwohl mir Frau Dr. X. viel Bedeutsames aus ihrem Leben erzählte, erreichte mich das alles nur soweit, dass ich es hörte, echter Kontakt war bisher noch nicht möglich. Die Resonanz meines Körpers war jedoch Müdigkeit (sicher auch ein Stück meine eigene) und eine Mischung aus Ungeduld und Anspannung. Deshalb bat ich sie aufzustehen und lud sie ein, das Gespräch im Stehen, ich ihr gegenüberstehend, ganz einfach fortzusetzen.

Wenn ich sonst in einem Erstkontakt vor allem auf das Beziehungsgeschehen achte, so ertappte ich mich gegenüber Frau Dr. X. in dem angstvollen Gedanken, ich müsse gut aufpassen, um nur ja keinen Fehler zu machen, und angestrengt dachte ich darüber nach, welche Intervention nun wohl die fachlich korrekteste sei.

An dieser Klientin war alles so ordentlich, perfekt und vorbereitet, dass ich meinerseits auch begann, besonders ordentlich und korrekt zu sein. Ich kontrollierte mich, die Situation, die Frau mir gegenüber und zugegeben, das Beziehungsgeschehen war nur mehr ein verbindliches, aber noch ohne Herz.

2. Szene

Der Termin für die erste Therapiestunde mit Herrn Müller war um 17 Uhr vereinbart. Um 17:05 Uhr wurde ich durch meine Assistentin telefonisch mit Herrn Müller verbunden. Aus dem Auto heraus ließ er mich wissen, ich solle nur auf ihn warten, eine wichtige Sitzung habe länger gedauert, außerdem finde er das Nest im Waldviertel nicht, in dem ich meine Praxis habe. Aber er komme jedenfalls noch in ca. 20 Minuten vorbei.

Das erste Gefühl, das Herr Müller bei mir auslöste, war Ärger. Das zweite war Rivalität. »Wie glaubt den der, dass er mit mir umgehen kann?«, dachte ich mir. Ob er es wollte oder nicht, meine Grundstimmung war gereizt und angespannt, als er mit 30 Minuten Verspätung und knallenden Absätzen die Praxis betrat. Er wollte gleich an meiner Assistentin vorbei zu mir in den Behandlungsraum eilen, um die Zeit optimal zu nutzen, als ich ihn aufforderte, seine Daten der Assistentin zu geben und zu warten, bis ich mein begonnenes Telefonat abgeschlossen hatte.

Ich spürte in mir Herzklopfen, Kurzatmigkeit und eine Art Aufforderung zu kämpfen, obwohl das üblicherweise nicht meine Art ist.

Herr Müller betrat meinen Therapieraum, ging unaufgefordert quer durch das Zimmer, betrat mit seinen verschmutzten Straßenschuhen jenen weißen Teppich, den ich für Körperarbeit verwende, und setzte sich unaufgefordert in einen nicht für ihn bestimmten Sessel. Ich bat ihn, für unser Erstgespräch bei mir am Schreibtisch Platz zu nehmen, was er dann sichtbar unwillig, aber doch tat.

»Ich habe heute leider nicht viel Zeit«, sagte er mit Blick auf sein iPhone, was mich veranlasste, ihn ganz konkret aufzufordern, für die verbleibenden 20 Minuten sein Handy auszuschalten. Das war für Herrn Müller zu viel. Der ohnehin kräftige Brustkorb wölbte sich nun noch mehr, er wirkte verärgert, die Augen funkelten und ich hatte das Bild, seine ganze Energie sei in der oberen Körperhälfte gestaut. Seine Augen musterten mich von oben herab, die Nasenflügel waren in Bewegung und bevor er mir noch erklären konnte, dass er in seiner beruflichen Position das Handy nicht abschalten könnte, sagte ich ihm: »Herr Müller ich bitte Sie in Ihrem Interesse, für die noch verbleibende Zeit Ihr Handy abzudrehen, damit wir nicht gestört werden. Ich weiß, dass Sie sehr viel zu tun haben und sehr beansprucht sind, aber ich will Ihnen jetzt einen wirklichen Ruheraum schaffen.« Mein Körper war angespannt und ich ging noch mehr auf Distanz, ich war innerlich froh, dass mein Sessel Räder hat und ich langsam den Abstand zu Herrn Müller so weit vergrößern konnte, um wieder genug Luft zu bekommen.

»Kommen wir zur Sache«, sagte Herr Müller nun auffordernd. »Sie sind also der Dr. Wögerbauer, von dem mein Hausarzt meint, Sie könnten mir bei meinen Schlafstörungen helfen und auch bei den Problemen, die mir meine Frau zunehmend macht ...«

3. Szene

Der Termin für das Erstgespräch mit Frau Anna war für Dienstag 8 Uhr vereinbart. Die Stunde verstrich – ohne Anna. Kurz vor Mittag wurde ich telefonisch mit Anna verbunden, sie könne ihren Kalender nicht finden, wolle nur zur Sicherheit nachfragen, ob der Termin für Mittwoch 8 Uhr fix bleibt. »Nein«, sagte ich, »Ihr Termin war für heute 8 Uhr vereinbart.« Ich bat Frau Anna, bei meiner Assistentin einen neuen Termin auszumachen. Obwohl Anna noch nie bei mir war, hatte meine Assistentin schon einige Telefonate mit ihr geführt: »Ob sie ihr nicht einen Anreiseplan für Pernegg schicken könne, ihre Mutter würde sie ins Waldviertel bringen, weil sie alleine so weite Strecken nicht fahren könne.« Nach vielen Terminverschiebungen – in meinem Kalender stand schon mehrmals »Anna« und meine Assistentin war nicht nur mit Annas Unbeholfenheit beschäftigt, sondern schon leicht gereizt – erschien Frau Anna endlich in Begleitung ihrer Mutter, nachdem sie vom Klosterareal aus nochmals angerufen hatte, sie könne meine Praxisräumlichkeiten nicht finden.

Beim Erstkontakt im Wartezimmer nahm ich zwei dicht zusammen sitzende Frauen wahr, eine davon essend und eine Thermoskanne in der Hand haltend. »Sie sind Anna«, sagte ich, sie herzlich willkommen heißend, und reichte der Dame mit Thermosflasche zuerst die Hand. Anna ist eine mittelgroße Frau, leicht rundlich, große fragende, fast hilflose Augen, ihre Muskeln eher schwach, so kraftlos war auch ihr Händedruck. Freundlich und zugleich suchend blickte sie mich an. Als ich sie dann in den Behandlungsraum bat, fiel mir insgesamt die Energie- und Kraftlosigkeit in ihrem Körper, aber auch in ihrem Gangbild auf. Ihre Trinkflasche noch immer fest in der Hand haltend, saß sie mir gegenüber und ihre erste Bitte, noch bevor ich das Gespräch beginnen konnte, war, ob ich nicht das Fenster schließen könne, weil ihr heute so kalt sei.

Zu diesem Zeitpunkt hatte ich von Anna außer ihrem Namen noch nicht viel gehört, aber bereits eine Fülle erlebt. Seit ihrem Erstkontakt per E-Mail, wo sie mir auf drei Seiten, ohne mich zu kennen, ihre Leidensgeschichte erzählte, hatte Anna unbewusst viele Versuche unternommen, mich und meine Assistentin zu beschäftigen. Sie war sehr verwundert, als ich eingestand, ihr dreiseitiges Mail nicht gelesen zu haben, sondern ihr sagte, ich wolle mir ihre Geschichte lieber von ihr selbst erzählen lassen.

»Ich bin ein hoffnungsloser Fall«, sagte sie. »Ich habe schon so viel ausprobiert, so viel Hilfe in Anspruch genommen, nichts hat mir geholfen. Ich werde von einem Arzt zum nächsten geschickt. Auch schon zwei Therapeuten haben mir nicht klar gesagt, was ich tun müsse. Ich fühle mich von allen abgelehnt und insgeheim habe ich jetzt schon wieder Angst, auch von Ihnen wieder enttäuscht zu werden.«

So begann Anna und hörte gar nicht mehr auf zu jammern. Als ich die hilflose und traurige Frau sah, wie sie so in ihrer Kraftlosigkeit vor mir saß und mich dennoch anlächelte, fühlte ich den spontanen Impuls, zu helfen. Dafür hatte ich auch viele gute Ideen, spürte aber deutlich, egal was ich ihr anbieten würde, sie dennoch nicht zufriedenstellen zu können. Anna verlangte eindeutig nach Rezepten, doch ihr diese anzubieten, wäre ein therapeutischer Fehler.

Ich unterbrach den Redefluss der Frau und lud sie ein, mir ihre Geschichte im Stehen weiterzuerzählen und dabei auf einen guten Bodenkontakt zu achten. Schon nach einigen Sätzen wurde ihr Stand immer unruhiger, ihr Körper war mir immer mehr zugewandt, hatte den Schwerpunkt nach vorne verlagert und ich hatte Sorge, sie könnte jeden Moment umfallen. Ein großes »Hilf mir doch endlich – siehst du denn nicht, wie schwach ich bin« kam aus ihren Augen, wie ein Hilfeschrei, und dann gleich die Bitte, sich wieder setzen zu dürfen, denn ihr sei alles zu viel. Ob ich denn nicht meine, dass Hypnosetherapie für sie besser sei als diese anstrengende Körpertherapie, war ihre nächste Frage ...

4. Szene

Der Personalmanager eines Konzerns rief mich besorgt an und erzählte mir von einem wichtigen Mitarbeiter, der ihm zunehmend Sorgen mache. Herr Dr. F. sei der beste und wertvollste Softwaretechniker im Unternehmen. Er sei ein brillanter Mitarbeiter mit höchster analytischer Begabung, Netzwerkdenken und großem systemischen Verständnis. Über ihn persönlich und sein Privatleben habe in der Firma niemand eine Ahnung, auch er als Personalmanager könne mir da nicht mehr sagen. Herr F. wirke in letzter Zeit noch mehr abwesend als früher. Er komme in letzter Zeit immer öfter zu spät oder gar nicht zur Arbeit, sei zunehmend vergesslich, was Kundentermine betrifft, verließe spontan Meetings oder schliefe mitten während heikler Sitzungen ganz einfach ein. Auf meine Frage, warum nicht Herr Dr. F. den Termin bei mir vereinbarte, sagte mir der Personalverantwortliche, das habe er ihm schon seit mehreren Wochen empfohlen. Herr Dr. F. sei so zerstreut, weshalb er die Sache selbst übernommen habe.

Als nun der vereinbarte Termin mit Herrn F. endlich zustande kam und dieser mit 20 Minuten Verspätung meine Praxis betrat, nahm ich einen müden Mann wahr, der mich wie von einem anderen Stern, fast geistesabwesend, ansah. Vom Körpertyp her wirkte er zart und zerbrechlich. Der Anblick von Herrn F. löste bei mir im ersten Moment Verwirrung aus. Er wirkte erschöpft, in seinem Gangbild steif und in sich zurückhaltend. Die Augen hatten etwas Schreckhaftes, sein Blick war eher leer und teilnahmslos. Bei all dem konnte ich viel Feines, fast Zerbrechliches bei Herrn Dr. F. wahrnehmen, eine Stimmung von Neugierde und Verwirrtheit erfasste mich, und als er Platz nahm, fragte ich ihn spontan, ob er einen Tee wolle. Nein danke, sagte er höflich, ich frühstücke nie, esse und trinke nur zwischendurch oder gar nicht. Ich versuchte immer wieder Kontakt mit meinen Augen zu Herrn Dr. F. herzustellen, aber seine Augen kippten immer wieder weg, nach oben, nach innen, oder er schaute durch mich hindurch. Mit Menschen in Beziehung zu kommen, fällt mir üblicherweise leicht, aber bei Herrn Dr. F. spürte ich so etwas wie ein angstvoll verwirrtes Zurückgezogensein.

Ich hatte das Gefühl, für Dr. F. rein zufällig hier anwesend zu sein. Würde ich den Raum verlassen, so könnte er auch sehr gut hier alleine sein. Ich nahm seine Angst wahr, ich könnte ihm zu nahe treten, vielleicht sogar ihn berühren oder eine Nähe herstellen, die ihm in der jetzigen Situation unangenehm wäre.

Herr Dr. F. begann in nüchterner, emotionsloser Sprache von den sehr komplexen und komplizierten Problemen in seiner Arbeit zu erzählen, was in Kombination mit seiner Körpersprache eher Verwirrung denn Verstehen auslöste ...

5. Szene

Frau S. erzählt mir in der Arztpraxis: »Herr Doktor, ich mach mir zunehmend Sorgen um meinen Mann. Sie kennen ihn ja. Er ist überall engagiert, alle kennen ihn, überall bringt er sich ein, er ist ja so geschickt, er arbeitet Tag und Nacht, aber wenn er wenigstens dabei glücklich wäre. Nein, er jammert still vor sich hin, kann niemals Nein sagen und tut brav und ständig alles, was die Leute von ihm erwarten. In der Firma haben sie in ihm den perfekten Mitarbeiter. Was alle liegen lassen, keiner erledigen will, das erledigt natürlich mein Mann. Seit ich ihn kenne, arbeitet er und für uns zu Hause hat er dann keine Zeit, obwohl er mir schon so lange versprochen hat, den Wintergarten zu bauen. Er wird immer betrübter, kennt kein Lachen, verletzt mich mit seinen spitzen Bemerkungen, wir leben nebeneinander, sexuell ist schon lange ›tote Hose‹ zwischen uns. Er bewegt sich immer weniger, wird dicker, hat schon Bluthochdruck und jammert ständig über seine Schulter- und Nackenverspannungen. Ich habe große Sehnsucht nach einer unbeschwerten, fröhlichen Zeit mit ihm und fühle so viel Schweres. Die Bedrücktheit meines Mannes macht mich zunehmend selbst depressiv.«

Frau S. vereinbarte für ihren Mann ein Erstgespräch, und so wie sie ihn mir beschrieben hatte, war ich auch nicht überrascht, als Herr S. pünktlich wie vereinbart in meinem Wartezimmer saß. Seine Haltung war leicht vorne übergebeugt, die Schultern vorfallend. Er hatte eine verkürzte Halspartie, das Gesicht war gerötet und er blickte mich bedrückt und belastet, von unten aufschauend an. Die gesamte Erscheinung wirkte gedrungen, massig und schwerfällig. Ich hatte schon im Wartezimmer das Gefühl, als würde ein Druckkochtopf vor mir sitzen, dem aber das Ventil genommen wurde. Vorsichtig bat ich den im Erstkontakt explosiv, aber gut unterdrückt anmutenden Herrn S. in meinen Behandlungsraum. Er bewegte sich langsam und kleinschrittig. Er wirkte auf mich so, als wäre er bemüht, dass ja nichts aus seinem Druckkessel auskomme. Sein Gangbild war belastet und niedergedrückt. So setzte er sich leicht schnaufend nieder.

»Es ist alles sehr anstrengend. Sie kennen ja meine Frau. Die bestimmt alles, sogar dass ich zu Ihnen gehen soll! Und in der Firma kann ich mich einfach nicht durchsetzen. Immer bleibt mir die unangenehme, schwierige Arbeit und dann sitze ich am Freitagnachmittag und am Wochenende und mache die Arbeit, die die anderen nicht erledigen und dennoch als ihre Leistung verkaufen. Ich fühle mich von meinem Chef schlecht behandelt, aber das werde ich ihn schon noch einmal spüren lassen!«

Zuhörend spüre ich, wie sich mein eigener Hals verkürzt, ich schwerer zu schlucken beginne, sich meine Hals-Nacken-Partie verspannt und ich einen leicht vom Hinterkopf ausgehenden Schmerz fühle. Auch Herr S. hat Kopfschmerzen, und so lade ich ihn ein aufzustehen, sich vornüber zu beugen und den Kopf hängen zu lassen, unterstützt durch tiefe Atmung. Herr S. befolgt sorgfältig alle meine Anweisungen. Kleine sarkastische »Miniventile« von ihm überhöre ich sorgfältig und ermutige ihn, in dieser vornübergebeugten Haltung zu bleiben und einmal so richtig seinen Kopf hängen zu lassen. Still und unauffällig befolgt Herr S. die Übung, und als er auch nach zehn Minuten immer noch keinen Laut von sich gibt, frage ich ihn vorsichtig, wie es ihm so gehe bei dieser Übung. Ganz gut, sagte er leicht keuchend, was mich veranlasst, mich mit vollem Gewicht auf den Vornübergebeugten zu stützen. Das wiederum veranlasst Herrn S. nur noch länger auszuhalten. Wäre die Stunde nicht nach 50 Minuten aus gewesen, würden wir vielleicht jetzt noch so stehen und ich mich an dem armen, vornübergebeugten Mann abstützen ...

◆ ◆ ◆

Vielleicht haben Sie sich dabei ertappt, dass Ihnen zu der einen oder anderen Szene Freunde, Kollegen, Partner usw. eingefallen sind? Das ist jedoch nicht meine Intention. Vielmehr wollte ich Sie einladen nachzuspüren, in welcher der fünf beschriebenen Überlebenshaltungen Sie *sich* am ehesten wiederfinden. Es ist leicht möglich, dass Sie in mehreren Szenen eigene Anteile erkennen. Meine Erfahrung zeigt, dass meist eine Charakterstruktur die dominante ist. In diese Struktur, ich bezeichne sie als »Überlebenshaltung«, schlüpfen Menschen mit hoher Sicherheit genau dann, wenn sie sich bedroht oder in die Enge getrieben fühlen. In wirklich existenziellen Krisen greifen wir immer gerne auf unsere bewährten Überlebensmuster zurück.

Es waren vor allem Wilhelm Reich und Alexander Lowen, die ausführlich studierten, wie sich die Reaktionen auf Traumata und Ängste bei einem heranwachsenden Kind mit der Zeit zu einem konkreten Charaktertyp verfestigen können. Diese Überlebenshaltungen sind uns einverleibt, sind ein wesentlicher Teil von uns, aber nicht das Ganze. Sie wirken sich, wie oben beschrieben, nicht nur auf unser Verhalten, sondern auch auf unsere Stimme, auf unsere Körperhaltungen, unsere nonverbalen Interaktionen, auf unser Beziehungsgeschehen, auf unsere Sexualität, Belastbarkeit, Leistungsfähigkeit und letztlich auf unser Gesundsein und Kranksein aus. Es ist nicht schwer zu erkennen, dass verschiedene Charaktertypen eine bestimmte Häufung von Erkrankungs- oder Verletzungsmustern aufweisen. Alle Charakterstrukturen entwickeln ganz typische Qualitäten und Fähigkeiten. Fähigkeiten, die das Überleben sichern, aber erfüllte Lebendigkeit verhindern. Die Schattenseiten dieser immer stärker fixierten Strukturen können Einsamkeit, unbefriedigende Beziehungen, das Gefühl, nie anzukommen, Bedürftigkeit, Krankheitsanfälligkeit oder ständige Unerfülltheit sein, weil der tiefste authentische Ich-Anteil nicht gelebt werden kann.

Die Lösungsansätze aus diesen Strukturen können vom Überleben zum Leben führen, wie ich in der Auflösung der beschriebenen fünf Szenen nun skizzieren möchte.

Lösungsmöglichkeiten

Zur 1. Szene

Im Falle von Frau Dr. X. hat ihre charakterstrukturelle Prägung sie zu einer erfolgreichen, in unserer Gesellschaft sehr angesehenen und gut positionierten Frau werden lassen. Kann sein, dass sie in ihrer Kindheit oft den Satz gehört hat: »Ich hab dich lieb, weil du so tüchtig bist« oder auch, dass ihre Liebe, ihre Sexualität und erotische Lust als kleines Mädchen von sehr leistungsorientierten Eltern immer wieder zurückgewiesen oder nicht erkannt wurden. So hat Frau Dr. X. im Laufe ihres Heranwachsens gelernt, dass sie nur gesehen und geliebt wird, wenn sie tüchtig ist, gut aussieht und funktioniert. Langsam hat sie gelernt, ihre Emotionalität, ihre Lust, ihre Herzenswärme hinter einer Schutzschale zu verbergen, die sie sich um ihr Herz gebaut hat. Sie hat gelernt, friedlich, freundlich, tüchtig zu sein und auf ihr Aussehen und ihr Erscheinen zu achten. Auf wirkliche Nähe und Herzlichkeit reagiert sie angstvoll und abwehrend. Damit sie aus diesem Überlebensmuster zum Leben gelangen kann, nach dem sie sich sehnt, einem Leben, das nicht nur aus Anstrengung und Leistung besteht, wird notwendig sein, dass sie lernt, ihren

Herzpanzer aufzubrechen. Das heißt, sie wird langsam erlernen, Nähe wieder vertrauensvoll zuzulassen. Das kann ein Freund, ein Partner, ein Kind in ihr »gesundlieben« und das kann auch in einem therapeutischen Prozess erarbeitet und erfahren werden. Die sinnvolle Ergänzung zu den Fähigkeiten von Frau Dr. X., wie Strukturiertheit, Leistungsfähigkeit und Zielorientiertheit, kann nun heißen: Spontaneität, die Fähigkeit zu spielen, sich fallen zu lassen und immer wieder das Risiko einzugehen, Nähe zuzulassen. Sie kann schrittweise dorthin kommen und erfahren, ihre Bedürfnisse nach Zärtlichkeit wieder anzunehmen und die in ihrem Leben bisher hoch positionierten materiellen und anderen Leistungswerte zu relativieren. Dafür wird sie Entscheidungen treffen müssen. Entscheidungen, zu denen sie sich aber von ihrem Herz führen lässt. So können auch Freude, Lust und Leidenschaft wieder lebbar werden. Maßgeblich für diesen Heilungsweg sind Menschen, die ihr sagen: »Du musst dich nicht so anstrengen, du bist so gut, wie du bist.«

Ich wünsche Frau Dr. X., dass sie nie wieder mit Notizbuch zu mir in die Praxis kommen muss, sondern dass sie wieder lernt zu lachen und dass sie sich tief und fest in den Sessel zurückfallen lassen kann.

Zur 2. Szene

Menschen wie Herr Müller haben Führungsqualitäten. Um nur ja nie wieder in seinem Leben manipuliert zu werden, hat Herr Müller gelernt, seinen Überblick gut zu bewahren, zu kontrollieren. Er kann andere Menschen für seine Ideen gewinnen, hat große Überzeugungskraft und hat auch kein Problem, sich abzugrenzen. In Krisensituationen kann er Sicherheit und Halt geben und Menschen so führen, dass sie sich gut bei ihm aufgehoben fühlen. Er kann Aufmerksamkeit gut auf sich lenken und auch überzeugen.

Die Gefahr liegt im Missbrauch seiner Führungskompetenz, in der Verführung und in der Entwertung all der Menschen, die nicht bereit sind, ihm bedingungslos zu folgen. Das gilt für seine privaten Beziehungen, wie Partnerin/Partner, Kinder, genauso wie für Mitarbeiterinnen und Mitarbeiter im Berufsleben. Im Grunde aber ist Herr Müller ein einsamer Mann. In seinem Anspruch, alles unter Kontrolle zu haben, gelingen ihm vertrauensvolle Beziehungen nicht wirklich. Er ist der typische »lonesome hero«, hat größte Probleme mit Kritik und er würde niemals seine Erschöpfung eingestehen. Eher noch kommt ein ängstliches »Lass mich in Ruhe!« über die Lippen als ein Eingeständnis der eigenen Überforderung. Weil niemand die Arbeit so gut kann wie Herr Müller (so glaubt er), das geht vom Rasenmähen übers Einkaufen bis zur Diskussion in der Firma, ist er ständig in einer Art Kampfstimmung, um sich zu behaupten und mögliche selbstständig denkende Rivalen sofort zu kontrollieren, zu bewerten oder zu übertrumpfen. Menschen wie Herr Müller führen gerne, aber können nicht folgen. »Ich tue, was ich will, und richte mich nach niemandem« ist die Grundhaltung, die ihn einsam macht, weil tatsächlich viele Beziehungen daran scheitern. Diese Haltung führt in die Überforderung und letztlich in die Krankheit. Menschen wie Herr Müller haben viele Ängste, die aber vollständig verleugnet werden.

Auf der intimen Beziehungsebene bestimmt Herr Müller selbst, wann Nähe und wann Distanz »erlaubt« sind. Es besteht eine hohe Ambivalenz von Verführung, Anziehung und Zurückweisung. Eine typische Kernaussage dieser Menschen ist: »Du darfst nur in Beziehung sein, wenn ich es will!«

Herr Müller hat sein charakterstrukturelles Grundmuster über viele Jahre entwickelt, er konnte sich gesellschaftlich gut positionieren und ist im Sinne unserer Gesellschaft ein erfolgreicher Mann. Er hat mich aufgesucht, weil sein Körper mittlerweile mit vielfachen Symptomen seine Einsamkeit und Erschöpfung aufgezeigt hat. Vordergründig macht er seine Frau dafür verantwortlich, aber im Grunde geht es darum, sich selbst Fehler einzugestehen, Hilfe anzunehmen, lernen zu vertrauen, um mit seinen tiefen Sehnsüchten und Bedürfnissen wieder in Kontakt kommen zu können.

Damit er dieses Vertrauen in sich selbst und auch in andere wieder gewinnen kann, ist meine Authentizität als Therapeut gefragt. Es geht nicht darum, mit Herrn Müller rivalisierend zu kämpfen, und ich muss mich selbst hüten, mich nicht von ihm dazu verführen zu lassen. Vielmehr werde ich gefordert sein, ihm Wertschätzung und Anerkennung zu geben und ihn schrittweise jene Erfahrung machen zu lassen, nichts zu verlieren, wenn er Hilfe annimmt und zulässt. Im Erlernen von Feingefühl und Toleranz, im Wahrnehmen dessen, wofür er in seinem Leben dankbar sein kann, wird sich Herr Müller langsam aus dem Überlebensmodell hin zu einem Leben entwickeln, in dem er nicht mehr so viel Energie benötigt, er ohne ständige Anstrengung sein und auch dankbar Hilfe annehmen kann.

Zur 3. Szene

»Ich kann nicht mehr – ich brauche Sie dringend!« ist eine Kernangst von Anna. »Mir ist alles zu viel, ich fühle mich so überfordert, ich schaffe das alles nicht allein!«

Anna ist ihren Ängsten hilflos ausgeliefert und ihre größte Angst ist, alleine zu sein, verlassen zu werden, hilflos auf sich allein gestellt zu sein. Sie wünscht sich für ihr Beziehungsleben viel Geborgenheit, jemand Starken, der sie hält. Sie sucht jemanden, der sie durchs Leben trägt. Ein potenzieller Partner kann mit dieser Bedürftigkeit sehr bald überfordert sein, was wiederum die Hauptangst von Anna nährt, sie könnte verlassen werden. Sie ist eine Frau, die schnell jemanden idealisiert bis hin zur unangemessenen Bewunderung. Diese Grundhaltung hat sie auch schon unterschiedliche Therapeuten und Ärzte aufsuchen lassen, aber sie hat letztlich alle wieder enttäuscht verlassen.

»Herr Doktor, tun Sie was für mich!« ist die typische Aufforderung von Anna, und genau um das Gegenteil geht es: zu lernen, für sich selbst zu sorgen, eigenständig das Leben zu gestalten, Entscheidungen zu treffen und zu sich selbst zu finden, um Geborgenheit schenken zu können. Auf körperlicher Ebene geht es darum, dass Anna lernt, Kraft und Ausdauer aufzubauen, um ihre Standfestigkeit auch im körperlichen Sinn zu stärken.

Alleinseinkönnen ist eine Qualität, einsam sein ist Leid!

Diese Qualitäten kann Anna genau dort entwickeln, wo sie auch ihre Überlebensmuster erlernt hat – in Beziehungen. In der Begegnung mit Menschen, die sie in ihren Fähigkeiten bestärken, ihr nicht alles abnehmen, sondern sie liebevoll fordern.

Menschen, die zu ihr stehen, aber ihr nicht ständig beistehen, Menschen, die zu ihr halten, aber sie nicht ständig halten!

Der heilsame Moment für Anna ist die Erfahrung, dass sie gut für sich selbst sorgen kann.

Zur 4. Szene

Herr F. wirkt auf mich ängstlich und abwesend. Bei dieser ersten Begegnung ist noch nicht klar, ob er aus eigenen Stücken zu mir kommt oder nur, weil sein Personalchef den Termin für ihn ausgemacht hat. Ich spüre seine körperliche Starre und lade ihn spontan ein, in der ersten Stunde unseres Termins einen gemeinsamen Spaziergang zu machen. Durch das gemeinsame Gehen, das Bergauf und Bergab rund um das Kloster Pernegg, kommt Herr F. zuerst in Kontakt mit seinem Körper. Er bemerkt, dass er den ganzen Tag außer etlichen Kaffees nichts zu sich genommen hat, registriert Herzklopfen, und nach einer Stunde flotten Gehens auch ein Gefühl von Durst und Hunger. Für die Heimreise nach Wien nenne ich ihm ein gutes Lokal und ermutige ihn zu einem genussvollen Essen, nachdem er, wie er sagte, seit einem Jahr seinen Körper erstmals wieder bewegt hat. Schon nach der zweiten Stunde ruft mich Herr F. an und fragt, ob wir die nächsten Stunden auch im Freien verbringen können. Er mache die Erfahrung, dass er sich durch die Bewegung immer wohler fühle und er danach auch wieder besser schlafen könne.

Der heilende Impuls für Herrn F. ist die Erfahrung, dass es schön ist zu leben, die Erfahrung, dass ihm etwas guttut, dass er sich wieder spüren kann und Schönes erleben und wahrnehmen darf. Im Gehen macht er die gegenteilige Erfahrung seines Überlebensmusters, das geheißen hat: »Ich muss mich zusammenreißen und zurückhalten.« Er kann sich selbst und nach einigen Stunden auch mich als seinen Begleiter neben sich wahrnehmen. So kann er aus einem Muster des Alleinseins, der Isolation, des Einzelgängerseins ein neues Lebensmodell entwickeln, hin zu vorsichtig gelebten Beziehungen, die ihn zunehmend beweglicher und zufriedener machen.

Zur 5. Szene

Bei Herrn S. beginne ich das Gespräch mit der Frage nach seinen Zufriedenheiten. Wir verwenden anfangs viel Zeit dafür, genau hinzuschauen, wo er in seinem Leben zufrieden ist, und dass er genau seine Fähigkeiten benennt und wertschätzend über all das sprechen kann, was ihm gelingt, für sich persönlich, in seinen Beziehungen und auch in seinem beruflichen Umfeld. Es geht darum, wieder zu lernen, für sich selbst liebevoll zu sorgen, anstatt bedrückt zu funktionieren. Schon nach wenigen Stunden lade ich Herrn S. ein, auch seine Frau in die Stunde mitzunehmen. Von da an arbeiten wir zu dritt in einem Paartherapeutischen Setting. In Imago-Dialogen[6] lernen beide, den anderen in seiner/ihrer Verletztheit zu sehen und zu verstehen.

Eine große Angst von Herrn S. besteht darin, gedemütigt zu werden. Heilung gelingt für ihn dann, wenn seine Frau diese Verletzung ihres Mannes nicht nur verstehen, sondern auch spüren kann. Wenn sie Zeugin wird, wie eine Verletzung aus der Kindheit ihres Mannes geheißen hat: »Wenn du nicht alles erledigst, dann werde ich dich nicht lieben.«

6 www.imagoaustria.at

Herr S. wird lernen Stopp zu sagen, sich besser abzugrenzen und wird dabei lebendiger und beweglicher werden, was wiederum eine neue und gute Dynamik in sein Beziehungsleben bringen wird, in dem er bis jetzt vor allem viel ausgehalten hat.

Umgekehrt wird Herr S. in einer lebendigen, dialogischen Beziehung Zeuge für die Verletzungen und Überlebensmuster seiner Frau werden. Gemeinsam zuhörend und mitfühlend verstehend, können erwachsene Menschen in ihrer Liebesbeziehung reifen, alte Verletzungen überwinden, ausheilen und damit verhindern, ihre eigenen neurotischen Anteile an ihre Kinder weiterzugeben.

◆ ◆ ◆

In den fünf geschilderten Szenen und »Lösungsmöglichkeiten« habe ich exemplarisch Wege aufgezeigt und wollte damit Mut machen, dass wir in jeder Phase unseres Lebens immer wieder die Chance bekommen zu lernen. So können wir uns aus eingefahrenen Verhaltensmustern herausentwickeln, wenn wir zuerst mit uns selbst in Beziehung gehen und dann mit den Menschen, die uns verstehen – eine tägliche Chance vom Überleben zum Leben!

Jetzt

Zufrieden
bin ich
dankbar
und
glücklich

jetzt

mit dem,
was ist
ich sehen kann
und riechen
fühlen
denken
sagen
und tun kann

jetzt

ausnahmslos
und ohne
Wenn und Aber

jetzt

mit dem
was ich
entscheiden kann
in Freiheit
zu tun
oder auch
nicht zu tun
ja zu sagen
oder nein

jetzt

dankbar und zufrieden.

G.W.

Von der Überlebensmedizin zur Lebensmedizin

Die Beschreibung eines Paradigmenwechsels

Georg Wögerbauer, Hans Wögerbauer

Vordergründig betrachtet könnten wir sagen, dass unsere heutige Medizin die beste ist, die es je gegeben hat. Durch diese Medizin können Blinde wieder sehen, viele Menschen, die an den Rollstuhl gefesselt wären, können wieder gehen und Kinder, die mit Taubheit leben müssten, können wieder hören. Wir denken an dieser Stelle an unseren Neffen, der dank Kochleaimplantat sprechen, singen und Klavierspielen kann. Onkologie, Transplantationschirurgie, Kardiologie haben ein Niveau erreicht, das bewundernswert ist und wofür wir nicht genug dankbar sein können. Es ist fantastisch, was unsere Akutmedizin alles leistet.

Für uns ist verwunderlich, dass wir das alles bereits als selbstverständlich hinnehmen und glauben, es sei unabwendbar, dass immer mehr Menschen an Bluthochdruck, erhöhten Blutfetten oder Diabetes erkranken und dass bald jeder dritte Mann an der Prostata operiert wird. Es wird unserer Meinung nach zu wenig getan, dass wir diese sagenhaften Errungenschaften erst gar nicht in Anspruch nehmen müssen! Wir nehmen heute an, dass von Beschwerdebildern wie Kopfschmerz, Kreuzschmerz, Niedergeschlagenheit bis zur manifesten Erkrankung zwischen drei und 20 Jahre vergehen. Da bleibt doch viel Raum für Entwicklungsarbeit, damit aus Beschwerdebildern erst gar keine Krankheiten werden.

Unsere Medizin, wie wir sie heute erleben, ist vorwiegend Überlebensmedizin. Sie ist deshalb auch die kostenintensivste Medizin, die es je gegeben hat. Wir schätzen, dass circa 90 Prozent der Ressourcen in die Überlebensmedizin (Krankenhäuser, Pharmaindustrie etc.) fließen und der große Bereich der Lebensmedizin, der Gesundheitsbereich – also jener Teil, der zur Lebensqualität und Entwicklung führt –, zu wenig berücksichtigt wird.

Mit einer Überlebensmedizin können wir überleben, aber sie kann uns nicht zum Leben, zur Lebendigkeit hinführen. So bekommen wir in Praxen und Krankenhäusern hauptsächlich Behandlungs-, aber selten Heilungsimpulse. Heilungsimpulse, das versuchten wir in den vorherigen Geschichten aufzuzeigen, sind nur über Beziehung möglich. Da diese oft fehlt, ist verständlich, dass in unserem Gesundheitssystem viele Patienten, aber auch Therapeuten, unzufrieden sind.

Mit dem Wort »Überleben« verbinden viele Druck, Hektik, Angst, Dringlichkeit, und wenn wir in uns hineinspüren, dann merken wir, dass bei diesen Worten sogar unser Puls schneller wird. Ein Ertrinkender, ein Verschütteter, ein akut Verunfallter, ein Patient mit akutem Herzinfarkt will überleben! In diesem Wort steckt ein Schrei nach Hilfe: So helft mir doch, ich will überleben!

Leben dagegen hat etwas mit Lernen, Entwickeln, Klarstellen, Entscheiden, mit Beziehung und nur in selteneren Fällen mit Überleben zu tun. Unser Hirn – so schreibt der Neurophysiologe Manfred Spitzer[7] – kann nichts anderes als lernen. Wenn wir

---

7 Manfred Spitzer (Neurophysiologe aus Ulm): Lernen – die Entdeckung des Selbstverständlichen.

unter Stress lernen, dann wird unser Angst- und Überlebenshirn im Nucleus amygdalae (Mandelkern) aktiviert. Wenn wir aber in einer Atmosphäre der Kooperation, Beziehung, Vertrautheit lernen, dann wird der Hippocampus, das Kreativhirn, aktiviert und Informationen können dort aufgenommen werden. Wenn wir unter Angst lernen, verringert sich automatisch die Kreativität und damit auch das Potenzial der Selbstregulation und Heilung.

Wenn Gesundsein nicht die Abwesenheit von Problemen bedeutet, sondern die Art und Weise, wie wir damit umgehen, dann ergibt sich für die Medizin sowie für die gesamte Gesundheitsentwicklung, dass wir Umgebungen brauchen, die jene Atmosphären schaffen, die frei von Angst sind und uns zu Kreativität, Selbstentscheidung und Entwicklung hinführen können. Diese Atmosphären brauchen wir auch in Arztpraxen und Krankenhäusern!

Unsere Medizin ist aus der Akutmedizin entstanden und leider in dieser Überlebensmedizin wie in einer Sackgasse stecken geblieben. Vor allem aber agiert sie, mit all ihren bereits beschriebenen Vorteilen, im Bereich der Angst! Mit Angst lässt sich, wie uns täglich vorgeführt wird, bekannterweise gutes Geld verdienen. Sinnlose Risiko-Screenings, Angstmache durch Vogel- oder Schweinegrippe dienen hauptsächlich den finanziellen Interessen von medizinisch-pharmazeutischen Lobbys. Der Patient steht hier längst nicht mehr im Mittelpunkt. Cholesterin-, Bluthochdruck-, Herzinfarkt- und Defibrilatorenkampagnen werden uns sicher nicht zu mehr Lebensqualität führen.

Wenn Manfred Spitzer »Von der Mandelkernschule zur Hippocampusschule« schreibt, so erweitern wir diesen Anspruch von der Mandelkernmedizin hin zu einer Hippocampusmedizin.

Das ist eine Veränderung im Gesundheitswesen, die einen eindeutigen Paradigmenwechsel beschreibt! Medizin war immer Ganzheitsmedizin und erfasste den Menschen immer in seiner biopsychosozialen Ganzheit. Diese Tradition erlitt im 19. Jahrhundert unter dem Paradigma der Naturwissenschaften einen Bruch, der durch Interdisziplinarität allein sicher nicht zu lösen ist! In unserem Beruf als Allgemeinmediziner haben wir immer öfter mit Menschen zu tun, die vom schulmedizinischen Gesichtspunkt wohl »durchuntersucht« und »ausdiagnostiziert« sind, die sich aber dennoch nicht gesund fühlen. Oft werden Diagnosen addiert und es ist dann nicht weiter verwunderlich, wenn ein 65-jähriger Patient fünf bis sieben Diagnosen hat, mit ebenso vielen Medikamenten. So nimmt die kostenintensive Medizin ihren Lauf, weil Patienten nur behandelt werden, aber zu wenige Impulse erhalten, die zur Selbstregulation und Heilung führen. Unser etabliertes Gesundheitssystem orientiert sich vorwiegend an den krankmachenden Faktoren, das Wissen um die salutogenen, heilenden und selbstregulierenden Fähigkeiten von uns Menschen wird weder gelehrt noch hat es Platz in den therapeutischen Konzepten.

Neben der modernen biotechnisch-pharmakonzentrierten Medizin hat sich in Ergänzung dazu eine psychologische Medizin entwickelt. Wir haben einerseits eine hoch entwickelte Medizin für Körper ohne Seelen und andererseits eine Heilung für Seelen ohne Körper.

Hier sind die Grenzen der Interdisziplinarität klar aufgezeigt. Die Not der Menschen ändert sich. Deshalb muss sich auch die Art der Hilfestellung ändern, wenn wir wirklich Hilfe leisten wollen. Ein fundamentales Umdenken wird notwendig sein für alle, die im Gesundheitswesen tätig sind, und alle, die Verantwortung tragen bei der Ausbildung und Schulung von Ärzten und Therapeuten aller Berufssparten.

Die Medizin ist heute noch zu sehr in den Händen jener Ärzte, die wohl Krankheits-, aber noch viel zu wenig Gesundheitskompetenz haben. Die Ursache ist sicherlich darin zu suchen, dass wir Ärzte in der Ausbildung den Menschen ausschließlich aus seiner Störung, aus seinem Kranksein, eben aus seiner Pathogenese heraus verstehen lernen. So beschreiben wir aufgrund bestimmter Symptome Psychotiker, Neurotiker, Psychopathen, Infektanfällige, Epileptiker, Schizophrene, Spastiker, Angstneurotiker, Hypertoniker, Anorektiker und viele mehr. Dadurch besteht natürlich die Gefahr, dass durch diese Sichtweise das Wunder Mensch nicht mehr gesehen wird. Oft wird nicht der leidende Mensch gesehen, sondern der Gallengangspatient auf Zimmer 311, das Mammakarzinom in der Gyn-Ambulanz oder der dicke Psychotiker im 1. Stock. Dementsprechend werden auch unsere Verhaltensweisen den uns anvertrauten Menschen gegenüber sein. Eine echte therapeutische Beziehung wird auf diese Weise niemals zustande kommen.

Natürlich ist es notwendig, im medizinischen, pädagogischen und therapeutischen Bereich durch Diagnoseschritte einen Überblick zu schaffen, damit Patienten professionell unterstützt und behandelt werden können. Um mit unseren Patienten in echten Kontakt zu gelangen, ist aber unumgänglich, dass wir das Bild von dem Patienten, das wir durch die Diagnosen gewonnen haben, sofort wieder zerbrechen. Wir behandeln ja nicht den Tumorpatienten, den Pflegefall nach Selbstmordversuch, die Allergikerin oder den Behinderten, sondern Mario, Rudi, Annabelle und Fredy.

In der integrierenden Medizin- und Gesundheitsentwicklung

geht es um eine spezielle therapeutische Beziehung! Es geht darum, im Sinne einer empathischen Begegnung staunend, neugierig und wohlwollend festzustellen, weshalb der Patient, der Klient kommt. Nur dann kann es gelingen, neben der vordergründigen Symptomsprache in einem gekonnten therapeutischen Dialog jene Basis zu schaffen, die den Patienten motiviert zu hinterfragen, worin denn die eigentliche Ursache seines Beschwerdebildes liegt und welche neuen, stimmigen Entwicklungsschritte er setzen könnte.

Insofern sind wir überzeugt, dass in der Ausbildung zu allen Gesundheitsberufen Selbsterfahrung und Schulung in der dialogischen Begegnung zentrale Bestandteile sein müssen. Verstehen, immer wieder Verstehen, das ist die spirituelle Dimension der integrierenden Medizin- und Gesundheitsentwicklung.

Dieses Verstehen ist die notwendige Synergie zu einem modernen Gesundheitssystem, das adäquat auf den schon hinlänglich beschriebenen Paradigmenwechsel antwortet. Die derzeit weitgehend beziehungslose Medizin führt auf der Therapeutenseite zu Erschöpfung, Burnout und Depersonalisierung. Für den Patienten/die Patientin kann in diesem Setting maximal Behandlung geboten werden, aber Räume der Heilung werden nicht eröffnet.

»Behandeln bedeutet nicht gleichzeitig Heilen. Behandeln heißt, den Körper soweit in Ordnung zu bringen, dass er die alte Ordnung wieder erträgt. Heilen aber bedeutet, eine Welt zu schaffen, die den Körper nicht mehr dem Kranksein aussetzt.« (Jean Carpentier)

Damit zeigt Carpentier auf, dass wir nicht den Fehler machen dürfen, Gesundsein nur zu individualisieren, sondern er verweist damit auf die strukturellen Anteile von Gesundsein und Kranksein und stellt somit den Anspruch auf psychosoziale Prävention, was durch den Begriff »Gesundheitsentwicklung« beschrieben sein will.

Menschen mit psychischen Erkrankungen reagieren besonders sensibel auf Irritationen, Störungen in Beziehungen, in Gesellschaft und auf Bedrohungen verschiedenster Genese. Sie sind deshalb wertvolle Indikatoren für eine Gesellschaft, deren Werte, Beziehungskultur und deren Menschenbild. Unsere Gesellschaft bringt eine Vielzahl von psychisch Kranken hervor, die durch ihr Kranksein auf viele mögliche Irritationen hinweisen. Wir sprechen in diesem Zusammenhang von »neuen Erkrankungen«, die in unserer Gesellschaft vermehrt vorkommen und uns allesamt mehr fordern als Herzkreislauferkrankungen, Grippeepidemien oder Stoffwechselerkrankungen.

Darunter verstehen wir:
- Suchterkrankungen (wie Konsum-, Alkohol-, Arbeitssucht, Übergewicht, Esssucht, Magersucht)
- Depressionen
- Angsterkrankungen und Panikattacken
- Somatisierungen (also Übertragung von seelischen Spannungen auf die körperliche Ebene mit entsprechenden Beschwerdebildern wie Gastritis, Reizdarm, Reizblase, Schlafstörungen, Migräne, Herzneurosen usw.)

Unser Körper ist genial konzipiert und reagiert hochsensibel auf jede Form von Irritation, immer im Bestreben, jenes Gleichgewicht wiederherzustellen, das für Gesundsein, Wachstum und Entwicklung gut und notwendig ist.

An dieser Stelle wollen wir nicht so verstanden werden, als würden wir die Ursache von psychischen Krankheiten ausschließlich der Gesellschaft zuschreiben. Außer Frage steht, dass auch viele individuelle Faktoren mit hineinspielen.

Ein wichtiger Indikator für die soziale Reife einer Gesellschaft ist der Platz und Stellenwert, den die Jüngsten und die Ältesten in einer Gemeinschaft einnehmen, und welchen Platz jene Menschen bekommen, die aus der »Norm« fallen.

Integrierende Medizin und Gesundheitsentwicklung basieren auf einem Heilungsverständnis, in dem Arzt und Patient in einer dialogischen Begegnung wechselseitig Beschenkte sind.

Integrierend ist die Sichtweise, mit der wir auf die Menschen und ihre Probleme zugehen. Nicht vordergründig symptomorientiert, sondern versuchend zu erkunden: »Was fehlt dir denn?«[8]

»Was fehlt dir denn, dass du aus deinem Gleichgewicht gefallen bist? Was fehlt dir, um wieder ganz zu werden?« Und hier geht es nicht um Ratschläge, einen Rezeptblock, »nehmen Sie 3 x 1 über 10 Tage«, oder sonstige reflexmedizinische Maßnahmen. So sehen wir es heute bereits als einen ärztlichen Kunstfehler, einen Patienten mit Bluthochdruck ausschließlich mit einem Blutdruckmittel zu versorgen und jene wichtige Chance nicht zu nutzen, um ein breiteres Verständnis für sein Krankgewordensein und sein Gesundwerden zu erarbeiten.

Die integrierende Medizin ist also eine personenzentrierte Medizin!

Hess formulierte dazu Folgendes: »Die naturwissenschaftliche Medizin filtert gleichsam die individuellen Aspekte heraus und sammelt alles Vergleichbare, auf dem sie ihre Krankheitslehre und ihr Krankheitsverständnis aufbaut.« Das heißt: Im bestehenden Gesundheitssystem ist es schwer, salutogenes Denken

---

8 Christian Hess, Annina Hess-Cabalzar: Menschenmedizin – Von der Vernunft der Vernetzung. R&R Sachbuchverlag 2001.

und Handeln zu etablieren, da das Wunder Mensch streng naturwissenschaftlich und reduktionistisch niemals erfassbar sein wird. Die naturwissenschaftliche Medizin blockiert durch das Löschen und Negieren jeglicher individueller Aspekte die in uns vorhandenen salutogenen Prozesse. Es stimmt schon, dass durch die Forschungsergebnisse der Psychoneuroimmunologie und der Neurophysiologie immer breitere Zusammenhänge sichtbar und spürbar werden. Bisher ist aber weder an den Universitäten noch in Krankenhäusern und Praxen gelungen, einen lehr- und lernbaren Zugang zur Lösung dieses Problems zu finden.

Damit wir den Paradigmenwechsel von der versorgenden Akutmedizin hin zur integrierenden Medizin und Gesundheitsentwicklung vollziehen können, geht es um eine Vielzahl von Maßnahmen, denen die moderne »Evidence-based Medicine« alleine niemals gerecht werden kann:

Es geht darum,
- Dialog und Begegnungsräume zu schaffen und zu kultivieren;
- Menschen in unserer Gesellschaft aus ihrer Einsamkeit herauszuhelfen;
- Jungfamilien konkret und nachhaltig zu unterstützen;
- in eine Medizin zu investieren, in der Begegnung und Beziehung zwischen Arzt und Patient lebbar wird, um dadurch Heilung zu ermöglichen;
- dass wir aus linearen psychophysischen Behandlungsmodellen zu einem systemischen Menschenverständnis kommen, das den Menschen auch wieder ihre Eigenverantwortung gibt, sie in der Selbstregulation stärkt und zu einem sinnerfüllten Sein begleitet, eingebunden in ein soziales und ökologisches Umfeld, an dem sie mitgestalten;

- Bildung im umfassenden Sinn zu ermöglichen, um soziale Reife, emotionale Intelligenz und viel Selbsterfahrung auf Lehrer- und Schülerseite zu fördern;
- dass wir aus einer Bewahrungspädagogik wieder eine Bewährungspädagogik machen, die junge Menschen bestärkt, gemeinsam anstehende Herausforderungen anzugehen;
- dass wir bei aller Wertschätzung für moderne Kommunikationskultur nicht verlernen, »face to face« zu kommunizieren, um in heilenden Beziehungen zu wachsen;
- Menschen darin zu bestärken, dass sie täglich die Freiheit haben, Entscheidungen zu treffen, was in der aktuellen Lebenssituation für sie selbst und ihr Umfeld sinnvoll ist;
- dass wir den Jüngsten in unserer Gesellschaft Schutz geben, in den ersten Lebensjahren Nesterfahrung ermöglichen und die Alten nicht an den Rand drängen, sondern sie wieder in Kontakt mit den Jüngsten bringen;
- dass Spiritualität, Sozietät und ein wertschätzender Umgang mit globalen Ressourcen wieder gemeinsame Werte werden;
- dass wir in Zeiten der Globalisierung auch wirklich »global« in Kontakt treten und den Mut haben zur Umverteilung, denn es gibt Vieles zu verteilen;
- dass wir erkennen, dass die vielen »Störungen« in unserer Gesellschaft weder ausschließlich von Ärzten, Therapeuten noch von Politikern »behandelt« werden können, sondern dass es sich vielmehr um einen gesamtgesellschaftlichen Auftrag handelt, der ein dialogisches und kreatives gemeinsames Lernen und Entwickeln erfordert. Auch gesellschaftliche Heilung braucht lebendige Beziehungen!

Wir wünschen uns, dass wir mit diesem Buch eine Diskussion eröffnen konnten, damit diese integrierende Sichtweise in unserem Gesundheitssystem Eingang finden kann.

Die Autoren

Georg Wögerbauer, geboren 1960 in Wien, lebt mit seiner Frau im Waldviertel in NÖ; drei erwachsene Kinder, ein Enkelkind.

Seit 19 Jahren Privatpraxis als Allgemeinmediziner und Psychotherapeut im Kloster Pernegg. Berufliche Schwerpunkte: Integrierende Medizin und Gesundheitsentwicklung, Psychotherapie, psychosomatische Medizin; Lehrtherapeut für Bioenergetische Analyse, Seminartätigkeit in Profit- und Non-Profit-Organisationen zum Thema Stressprävention und Lebensgestaltung.

www.dr.woegerbauer.at

Hans Wögerbauer, geboren 1952 in Wien, lebt mit seiner Frau Helene in Perchtoldsdorf bei Wien; drei erwachsene Kinder, drei Enkelkinder.

Arzt für Allgemeinmedizin und psychosomatische-psychotherapeutische Medizin, Magister der Sozial- und Wirtschaftswissenschaften. Schwerpunkte: Integrierende Medizin und Gesundheitsentwicklung, Diätetik, Sportmedizin und Naturheilverfahren. Privatpraxis in Perchtoldsdorf.

www.dr.woegerbauer.at

Publikationen der Autoren

Hans und Georg Wögerbauer
einfach gut leben
Ganzheitsmedizinische Gedanken und Impulse zur bewussten Lebensgestaltung
Taschenbuch, 224 Seiten, 66 Abbildungen, div. Grafiken, durchgehend zweifarbig
5., unveränderte Auflage März 2009, Edition LIFEart
ISBN 978-3-9500657-8-7, Euro 12,–
Erhältlich im Buchhandel oder über die Praxis
www.dr.woegerbauer.at

Georg Wögerbauer und Gerald Koller
beziehungen leben
auf dem weg zu einem neuen miteinander
Taschenbuch, 176 Seiten, 60 Abbildungen, div. Grafiken
3., unveränderte Auflage März 2009, Edition LIFEart
ISBN 978-3-9500657-4-9, Euro 12,–
Erhältlich im Buchhandel oder über die Praxis
www.dr.woegerbauer.at bzw. über Büro Vital, buerovital@aon.at

Georg Wögerbauer
Wendungen
Mit Illustrationen von Peter Newerkla
ISBN 3-85052-165-6, Euro 18,–
Erhältlich auch über die Praxis Dr. Georg Wögerbauer,
Kloster Pernegg, 3753 Pernegg 1, Tel. (02913) 218 40,
georg@woegerbauer.at

Gerald Koller, Georg Wögerbauer, Hans Wögerbauer
Herzensangelegenheiten
Rückenwind für ein herzgesundes Leben
mit Illustrationen von Andreas Ortag
192 Seiten, durchgehend zweifarbig
Verlag Orac 2007
ISBN 978-3-7015-0503-6, Euro 19,90 (A, D); SFr. 34,90
Erhältlich im Buchhandel und über die Praxis
www.dr.woegerbauer.at

Dieses Buch weist den Weg nicht nur zu einem gesünderen Herzen, sondern auch zu mehr Sinnerfüllung und Lebensfreude.

www.kremayr-scheriau.at

ISBN 978-3-7015-0524-1
Copyright © 2010 by Orac / Verlag Kremayr & Scheriau KG, Wien
Alle Rechte vorbehalten
Alle Gedichte: Georg Wögerbauer
Bild Seite 93: Rudi B.
Illustrationen: Walpurga Ortag-Glanzer
Einband- und typografische Gestaltung: Andreas Ortag
Lektorat: Doris Schwarzer
Druck und Bindung: Druckerei Theiss GmbH, St. Stefan i. Lavanttal